Würzburg: Alte Mainbrücke und Festung Marienberg

Land und Leute

Unterfranken, zu dem die hier beschriebenen Gebiete Fränkisches Weinland, Steigerwald und Haßberge gehören, zählt zu den sieben Regierungsbezirken Bayerns. Geschichtlich entstand dieser westliche Teil des Freistaates aus dem Hochstift Würzburg und dem kurmainzischen Oberstift Mainz. So vielseitig wie die geschichtlichen Kräfte, die diesen Landstrich mitgestaltet haben, ist auch die Stammesherkunft seiner Bewohner.

Das Gesicht dieser Landschaft wird geprägt durch heitere Barockfassaden, mittelalterliche Türme und Tore, malerisches Fachwerk beiderseits der Ortsdurchfahrten, stolze Rathäuser, Kirchen und Klöster. Burgen und Schlösser mit gepflegten Gärten und Parks begleiten den Main und seine Nebenflüsse. Am Wege lädt so manch gastliches Wirtshaus zur Einkehr ein.

Der Main ist die große Leitlinie von Ost nach West. Wasser, Wiesen, Wald und Wein bilden den natürlichen Grundakkord. Fruchtbare Ebenen ermöglichen eine intensive Landwirtschaft.

Alles ist der zentralen Mitte, der Universitäts- und Bischofsstadt Würzburg, zugewandt, die das mainfränkische Land zu einer Lebenseinheit bindet.

Wo an den Westhängen von Steigerwald und Spessart Trauben reifen, ist die Sonne von besonders wirkungsvoller Kraft.

Auch an Main und Tauber, an Wern und Saale und im Kahlgrund stehen die Hänge voller Reben. Aber dieses Unterfranken oder Mainfranken, wie es klangvoller von 1938 bis 1945 hieß, lebt längst nicht von seinem Wein allein. Das Rebland macht nur ein Prozent seiner landwirtschaftlich genutzten Fläche aus. Dennoch ist der mit Rebensaft gefüllte Bocksbeutel fränkischer Provenienz die Krönung von allem, was dieses Land, seine Bauern und Winzer zu bieten haben.

Die fränkische Bevölkerung sei die unbeschwerteste unter den deutschen Stämmen, sie sei ,,auf eine unproblematische Art mit sich selbst zufrieden" – so schätzte Theodor Heuss, der erste deutsche Bundespräsident, die Franken ein. Und er fügte hinzu: ,,Mit den Franken kommt man leicht ins Gespräch, sie sind Träger einer beweglichen Unruhe, unternehmungslustig und in einer zugreifenden Art aktiv." Diese Charakterisierung trifft auf die mainfränkische Bevölkerung hundertprozentig zu.

Immer mehr wird das weitere Würzburger und Schweinfurter Umland zu einem bevorzugten Urlaubsziel. Steigerwald und Haßberge mit ihren waldreichen Naturparks bieten ohne Lärm und Hast Ruhe und Erholung, dazu eine Preiswürdigkeit, wie sie sich anderswo kaum noch finden läßt. Das gilt auch für den Urlaub auf dem Bauernhof.

Lage, Größe, Grenzen

Unterfranken, zu dem auch noch Teile von Spessart und Rhön gehören (s. Polyglott-Reiseführer „Spessart, Rhön"), von West nach Ost zwischen dem Bundesland Hessen und dem bayerischen Regierungsbezirk Oberfranken, von Nord nach Süd zwischen Hessen und der DDR sowie dem Bundesland Baden-Württemberg und dem bayerischen Regierungsbezirk Mittelfranken gelegen, umfaßt 8500 km² Fläche. Einst in der Mitte Deutschlands gelegen, büßte es nach dem Zweiten Weltkrieg durch seine 124 km lange Grenze zur DDR wichtige menschliche und wirtschaftliche Verbindungen ein. Ein Drittel der unterfränkischen Bevölkerung lebt heute im Zonenrandgebiet. Die Grenze nach Hessen ist 259 km, die nach Baden-Württemberg 240 km lang.

Die natürlichen Begrenzungen des Gebietes bilden im Osten Steigerwald und Haßberge, im Norden die Rhön und im Westen die Ausläufer des Spessarts. Im Süden endet der Bezirk Unterfranken vor der Linie Wertheim, Tauberbischofsheim, Bad Mergentheim (Baden-Württemberg) und dem mittelfränkischen Uffenheim.

Bodengestalt

Die geologischen Formationen der unterfränkischen Schichtstufenlandschaft sind vielfältig und dem Qualitätsweinbau besonders förderlich. Urgestein, Buntsandstein, Muschelkalk und Keuper bilden den Untergrund, Löß und Flug- oder Schwemmsand die häufigsten Bodenauflagen.

Nördlich von Aschaffenburg, im Kahlgrund (s. Polyglott-Reiseführer „Spessart, Rhön"), trifft man auf Urgestein-Glimmerschieferböden mit unterschiedlich reichen Lehm- und Sandbeimischungen. Hier gewinnt der Riesling seine klarste Fruchtigkeit. Von Aschaffenburg bis Kreuzwertheim tritt, wie im gesamten Mainviereck, der Buntsandstein zutage. Er verwittert zu überwiegend nährstoffarmen, flachgründigen Sandböden.

Im Maintal bei Würzburg, an der Mainschleife bei Volkach und an der Fränkischen Saale bei Hammelburg herrschen die mächtigen Formationen des Muschelkalkes vor. Rund 70 Prozent der fränkischen Reben stehen auf Muschelkalk-Verwitterungsboden, zuweilen von Sandadern durchzogen, wenn er einer dünnen Schicht aus Lehm und Flugsand überlagert. Der sich gegen Osten anschließende leichtere Gipskeuper- und der schwere Keuperboden des westlichen Steigerwald-Vorlandes sind tiefgründig, meist tonhaltig und sehr fruchtbar für den Rebstock.

Gewässer

Auf seinem 552 km langen Talgang vom Fichtelgebirge bis zur Mündung in den Rhein bei Mainz nimmt der Main über 298 km, also mehr als die Hälfte seines Weges, durch Unterfranken. In der Luftlinie beträgt die Strecke zwischen Quelle und Mündung 224 km. Der Fluß zieht große Schleifen: um das Maindreieck zwischen Volkach und Kitzingen und um das Mainviereck von Gemünden über Miltenberg nach Aschaffenburg. Er nimmt zahlreiche Nebenflüsse auf: Bei Wernfeld mündet die Wern, bei Gemünden Sinn und Saale, bei Lohr die Lohr, bei Wertheim die Tauber in den Main.

Erwähnenswert ist auch der Main-Durchstichkanal von Gerlachshausen nach Volkach-Astheim. Er verkürzt den Schiffsweg von 12 auf 6 km.

Kleine Wasserläufe wie der Marbach bei Schweinfurt, die Thulba in der vorderen Rhön, die Kürnach und die Pleichach bei Würzburg, die Aschaff bei Aschaffenburg und die Kahl im Kahlgrund an der Landesgrenze von Bayern zu Hessen beleben mit zahlreichen anderen Bächen die grünen Täler Unterfrankens.

Der Reuthsee bei Sulzdorf an der Lederhecke (Lkr. Rhön-Grabfeld) ist der größte natürliche Binnensee Unterfrankens. 1958 wurde bei Fuchsstadt-Altenmünster (Lkr. Schweinfurt) der Ellertshäuser See, 30 ha groß, als wasserwirtschaftliche Maßnahme gegen die Trockenheit des umliegenden Gebietes angelegt. Der See auf dem Zeubelrieder Moor bei Ochsenfurt (Schutzgebiet) entstand durch Flurbereinigungsmaßnahmen. Dorfseen wie in Gramschatz (Lkr. Würzburg), Eisenstadt (Lkr. Kitzingen) und Mönchstockheim (Lkr. Schweinfurt) sind zur Seltenheit geworden.

Klima

Die klimatischen Verhältnisse unseres Reisegebietes weisen Unterschiede auf. Eine Art Klimascheide bildet der Spessart. Westlich dieses Waldgebietes ist das Klima im Durchschnitt gemäßigt maritim, östlich davon im Maintal dagegen mehr kontinental, d. h. hier gibt es heiße Sommer und kalte Winter. Die mittlere Jahrestemperatur liegt bei 8,5–9° C. Die Niederschläge erreichen im Maintal normalerweise über 600 mm, im Kitzinger und Schweinfurter Gebiet nur 500 bis 550 mm, an den Spessarthängen und im Steigerwald dagegen 700–750 mm.

Das Untermaingebiet zeichnet sich durch frühen Frühlingseinzug aus. Die Apfelblüte beginnt hier oft noch vor Ende April. Im östlichen Unterfranken fängt sie oft erst nach dem 10. Mai an.

Wichtig für den Weinbau ist vor allem die Sonnenscheindauer. Nach Freiburg i. Br. gilt Würzburg als die deutsche Stadt mit der längsten Sonneneinstrahlung. Sie beträgt 1450 Stunden während der Wachstumszeit von März bis Oktober, 200 Stunden von November bis Februar.

Das Wetter ist immer zu Überraschungen fähig. Kritisch für den Weinbau wird es allerdings, wenn Ende Dezember milde Witterung herrscht und im Januar plötzlich Kältestürze auftreten von +10° auf −20° C. Das können nur wenige Rebsorten vertragen. Noch gefährlicher sind jedoch die Spätfröste um die Zeit der ,,Eisheiligen'' Pankraz, Servaz, Bonifaz und der ,,Kalten Sofie'' (12.–15. Mai). Sie bringen in Abständen von zwei und drei Jahren Ernteverluste im Weinbau.

Pflanzen- und Tierwelt

Rehe sind in unserem Reisegebiet in der Morgenfrühe und spätabends zwischen Wald und Wiese oder im frischen Klee zahlreich zu sehen. Feldhasen haben wieder stärker Fuß gefaßt. Gerne in die Weinberge gehen Fasane und Rebhühner, zu oft auch die Wildkaninchen, die als Schädlinge betrachtet werden, weil sie die Rebstöcke entrinden.

Die Vogelwelt ist erfreulich vielseitig. Man hört den Grünspecht. Die nicht so gerne gesehene räuberische Elster vermehrt sich stark. Der Ruf des Kuckucks erklingt leider immer seltener. Im Mainschilfgelände unterhalb von Würzburg gibt es noch die Zwergohrdommel und den Drosselrohrsänger, in den Weinbergen die Weiße Bachstelze und den Hausrotschwanz sowie neben der Meise auch den Steinschmätzer und die in Deutschland seltene Zippammer. Man sieht auch noch die Bekassine, die Zwergschnepfe, den Milan und wieder öfter den Bussard.

Als Phänomen nicht zu vergessen die riesigen Starenschwärme, die im Herbst während der Traubenreife in die Weinberge einfallen, wenn diese nicht durch Netze geschützt sind.

Im Würzburger und Veitshöchheimer Hofgarten lassen sich Schwäne, Enten und Möwen füttern. Den Fischreichtum im Main kann man mit dem, als der Fluß noch nicht kanalisiert war, nicht mehr vergleichen. Hechte, Aale, Schleien, Zander und Karpfen sind Zufälle (dagegen ist das Angebot an Forellen und Karpfen aus gewerbsmäßiger Zucht das ganze Jahr überreich). Angler sorgen durch Auffrischen der Bestände, daß in den Seitentälern des Mains ein bescheidener Fischbestand erhalten bleibt.

Die Vielfalt der Schmetterlingsarten ist auch im mainfränkischen Land kleiner geworden und auf Brachflächen konzentriert, weil hier nicht gespritzt wird. Im Weinberg sieht man den Segelfalter und Schwalbenschwanz wieder häufiger.

Mehr als früher in den alten Weinbergsmauern, die durch Flächenzusammenlegungen nur in Ausnahmefällen noch stehen, hausen heute selten gewordene Eidechsen in aufgelassenen Steinbrüchen.

Bereits im Frühsommer zeigt sich Mainfranken als blühendes Land, schon durch den leuchtend-gelben Ginster an den Rainen der Autobahnen und Straßen, wo sich auch ganze Lupinenfelder entfalten.

Auf der ,,Thüngersheimer Platte'', unter dem lichten Bestand der kleinwüchsigen Sandkiefer, sind noch 17 verschiedene Orchideenarten zu finden, wie das Rote und Weiße Waldvögelein, die zweiblättrige Kuckucksblume, die Fliegenorchis und das sehr seltene Purpurknabenkraut.

Auch Stendelwurz und in den Magergrasregionen das Blaugras, das Federgras und der Diptam, im Volksmund ,,Brennender Busch'' genannt, sind hier neben Sonnenröschen und Bergaster noch häufig.

Bevölkerung

Die Bevölkerung Unterfrankens zählt 1,2 Millionen Menschen. Sie setzt sich nach ihrer Herkunft aus alemannischen, thüringischen, fränkischen und wohl auch slawischen Stammeselementen zusammen, die zu einer Einheit verschmolzen sind. Nach dem Zweiten Weltkrieg fanden viele Schlesier und Sudetendeutsche hier eine neue Heimat.

Knapp über die Hälfte der Bewohner ist katholisch. Es gibt allerdings überwiegend katholische und überwiegend evangelische Gegenden und Gemeinden. Das Verhältnis zwischen den beiden christlichen Kirchen ist gut und auf die Ziele der Ökumene ausgerichtet. Der Anteil der jüdischen Bevölkerung ist minimal. – Die höchste Bevölkerungsdichte weist der

Landkreis Aschaffenburg auf mit 212 Einwohner pro km^2.

Gerne wird der Unterfranke als ein Mensch mit festen Standpunkten hingestellt, die er hartnäckig verteidigt. ,,Der liebe Gott weiß alles, die Franken wissen es besser", heißt es im Altbayerischen. Wenn man mit diesen Menschen ins Gespräch kommt, wird man jedoch recht bald ihre Freundlichkeit und ihr Wohlwollen verspüren.

Sprache

Das Mainfränkische sieht sich vielen Einflüssen ausgesetzt, so von der pfälzisch-hessischen und der badisch-fränkischen Nachbarregion her. Dazu kamen nach dem Kriege die ganz anders gearteten Spracheinflüsse aus dem Sudetenland und aus Schlesien. Das Mittelfränkische hört sich etwas breiter an als das Unterfränkische. Die Nürnberger sind von den Würzburgern klar zu unterscheiden.

In der Alltagsrede sind Endlaut-Änderungen sogar im lokalen Bereich, von Ort zu Ort, festzustellen. In Goldbach (Lkr. Aschaffenburg) sagt man ,,deheem" (daheim), in der Nachbargemeinde Hösbach ,,dehaam". In Zeil am Main geistert im Herbst der ,,Nebel am Maa", im 6 km flußabwärts gelegenen Haßfurt der ,,Nabel am Mee". Die Würzburger hängen an ihrem ,,li" oder ,,le". Brötchen werden Weckli genannt, Blumen heißen Blümli, und im Weinlokal trinkt man keinen Schoppen, sondern sein Schöpple. Schwerverständlich sind diese unterschiedlichen Ausdrucksformen alle nicht. Die Umgangssprache von Einheimischen auf dem Dorf stellt den Fremden allerdings manchmal vor Probleme.

Landwirtschaft und Industrie

Die Leistungsfähigkeit der unterfränkischen *Landwirtschaft* stellt die Würzburger Produktenbörse e. V. unter Beweis. Sie ist neben Mannheim im süddeutschen Getreidegeschäft führend. An dieser Spezialbörse werden jährlich zwischen 2,5 und 3 Millionen Doppelzentner Braugerste sowie 1,5 Millionen Doppelzentner Weizen umgesetzt. Die 60 500 land- und forstwirtschaftlichen Betriebe in Unterfranken bestellen der 315 000 ha großen Ackerfläche 70% mit Getreide.

Ein Drittel aller bayerischen Zuckerrübenfelder liegen in Unterfranken, das für seine besonders guten Böden im Ochsenfurter Gau je ha die höchste steuerlichen Einheitswerte in Bayern ausweist. Große Gärtnereibetriebe um Kitzingen erzeu-

gen unter Glas und im Freiland Zierpflanzen und Gemüse in einer Werthöhe, die dem Umsatz an Frankenwein gleichkommt. Wirtschaftlich bedeutend sind auch die im Vollerwerb betriebenen 40 Baumschulen in der Gesamtgröße von 250 ha, darunter 100 ha Ziergehölz- und 40 ha Obstgehölzfläche.

Neben dem Weinbau gibt es speziell in den Weingebieten an der Mainschleife und am Rand des Steigerwaldes Sonderkulturen mit Spargel und Heilkräutern.

Über 38% der Gesamtfläche sind mit Wald bedeckt, und das Nutzholz aus Unterfranken, vor allem die Furniereichen, erzielt die höchsten Preise.

Die unterfränkische *Industrie* weitete sich nach dem Kriege beträchtlich aus. Die Landwirtschaft gab durch ihre Technisierung der Arbeitskräfte dafür frei.

Unterfranken weist drei industrielle Schwerpunkte auf: Schweinfurt, Würzburg und Aschaffenburg. Dominierend ist die Investitionsgüter-Industrie wie der metallverarbeitende Maschinen- und Fahrzeugbau.

Schweinfurts Kugellagerfabriken gehören zu den führenden Wälzlagerherstellern der Welt. Auch Kraftfahrzeugkupplungen, Stoßdämpfer, Hydraulikpumpen, Zweiradnaben und Motoren werden hier hergestellt.

Würzburger Druckmaschinen sind weltbekannt. Auf einer Zylinderdruckpresse von Koenig & Bauer wurde 1814 zum erstenmal die Londoner ,,Times" gedruckt. Heute drucken Schnellpressen und Rotationsmaschinen aus Würzburg Banknoten und Zeitungen in allen Kontinenten. Daneben nimmt Würzburg in der deutschen Buchherstellung einen beachtlichen Platz ein.

Aschaffenburg verfügt über eine bedeutende Herrenoberbekleidungs- und Meßwerkzeugindustrie sowie Papier- und Zellstoffwerke.

Die Industrialisierung nach dem Kriege führte auch die sogenannte ,,Provinz" einer neuen Zukunft entgegen. Ochsenfurt (Zuckerfabrik, Foto- und Geräteoptik), Kitzingen (Maschinenbau, Industriebedarf), Iphofen (Gipswerke), Karlstadt (Eisenwerk, Zementwerk), Lohr (Mannesmann-Zweigwerk, Hydraulik, Holz, Glas), Bad Neustadt (Elektro-Feinmechanik) wurden zu mittleren industriellen Schwerpunkten. Der Landkreis Main-Spessart steht im Industrialisierungsgrad unter den 71 bayerischen Landkreisen an 15. Stelle.

Verkehr

Unterfranken verfügt über insgesamt 300 km Autobahn und 937 km Bundesstraßen. In Würzburg kreuzen sich die vielbefahrenen Autobahnen Frankfurt–Nürnberg (A3) und Hamburg–Rothenburg o. d. T.–Ulm (A7). Hinzu kommt die Autobahn Würzburg–Stuttgart (A81).

Sieben elektrifizierte Eisenbahn-Fernstrecken berühren Mainfranken. Die Schnellstrecke Hamburg–Würzburg erhält eine neue Trasse. Damit wird auch der Abschnitt Würzburg–Gmünden entlastet, der als der meistbefahrene der Bundesrepublik gilt: Hier verkehren täglich 158 Reise- und 180 Güterzüge.

Von Würzburg aus sind über das Intercity-Netz der Bundesbahn 15 der größten Städte der Bundesrepublik innerhalb von 5 Stunden zu erreichen. Die neue Schnellstrecke Würzburg–Fulda ist fertiggestellt.

Bahnbusse und Privatbusse erschließen weite Teile unseres Reisegebietes. Vom Würzburger Busbahnhof (in der Nähe des Hauptbahnhofes) allein fahren täglich 137 Linienbusse in alle Himmelsrichtungen. Es werden auch Ausflugsfahrten veranstaltet.

Die Main-Schiffahrt bei Würzburg profitiert durch den Ausbau des Flusses zur Großschiffahrtsstraße (seit 1942, Mindestwassertiefe 2,70 m). Die Vollendung des Main-Donau-Kanals soll das Frachtaufkommen auf dem Main wieder erhöhen. Durch die 27 Schleusen zwischen Aschaffenburg und Bamberg mit stromerzeugenden Kraftwerken ist die Wirtschaftlichkeit der Großschiffahrtsstraße Main gesichert.

An der Linienschiffahrt auf dem Main (Abfahrt Würzburg, am Alten Kranen) sind vier Unternehmen beteiligt. Veitshöchheim wird im Sommer täglich mehrmals angefahren, Randersacker während der Ferien ebenfalls. Mittwochs verkehrt ein Schiff nach Ochsenfurt, donnerstags und samstags nach Sulzfeld. Sonntags besteht Personenschiffsverkehr zwischen Veitshöchheim und Lohr. Auskünfte, auch über Sonderfahrten, erteilen: die Würzburger Personenschiffahrt (Tel. 09 31/4 27 33), die Veitshöchheimer Personenschiffahrt (Tel. 09 31/5 56 33), die Personenschiffahrt Margetshöchheim (Tel. 09 31/5 85 73). Die Fränkische Personenschiffahrt (Tel. 09 31/5 17 22) unternimmt von Mai bis Oktober regelmäßige achttägige Fluß-Kreuzfahrten zwischen Nürnberg und Aschaffenburg mit viertägigem Aufenthalt in Würzburg.

Verwaltung

Der Regierungsbezirk Unterfranken zählt neun Landkreise, drei kreisfreie Städte und 304 Gemeinden.

Die drei Planungsregionen Unterfrankens umfassen folgende Gebiete: Untermain (I): Kreisfreie Stadt Aschaffenburg mit den Landkreisen Aschaffenburg und Miltenberg. Würzburg (II): Kreisfreie Stadt Würzburg mit den Landkreisen Würzburg, Main-Spessart und Kitzingen. Main-Rhön (III): Kreisfreie Stadt Schweinfurt mit den Landkreisen Schweinfurt, Bad Kissingen, Rhön-Grabfeld und Haßberge.

Brauchtum

In Mainfranken wird Brauchtum vielfältig gepflegt. Beim sonntäglichen Kirchgang sieht man im Ochsenfurter Gau, im Schweinfurter Gäu noch Frauen in alten Trachten. Die Karfreitagsprozession in Lohr, Bittprozessionen im Juni von Ortschaft zu Ortschaft und die Gelübdeprozessionen zahlreicher Pfarreien über mehrere Tage auf den Kreuzberg in der Rhön oder in das badische Walldürn sind sichtbare Zeugnisse von Frömmigkeit.

Im Festefeiern ist die unterfränkische Bevölkerung kaum zu überbieten. Das Würzburger Kilianifest um den 8. Juli, dem Patronatstag der Frankenapostel Kilian, Kolonat und Totnan, zieht zum religiösen und zum weltlichen Feiern Tausende in die Bischofstadt. Schweinfurt und Aschaffenburg haben ihre Volksfestwochen. Im Herbst stehen die Kirchweihfeste in allen Gemeinden hoch im Kurs.

Zahlenmäßig stehen in Mainfranken, wie könnte es anders sein, die Wein- und Winzerfeste an der Spitze. Das Hofschoppenfest im Juni im Würzburger Bürgerspital, das Schoppenfest der Hofkellerei im Hofgarten, das Würzburger Winzerfest in der ersten Oktoberwoche an der Friedensbrücke, schließlich der Escherndorfer Weinherbst über alle September-Wochenenden gehören seit Jahren zum fränkischen Weinfestprogramm.

Wie in den Winzerorten die Weinprinzessin, so wird in den Gärtnergemeinden die Blumenkönigin und in der Apfelweingegend am Untermain die Apfelblütenkönigin gekürt. Alljährlich findet die Wahl der fränkischen Weinkönigin statt. Überall sind Sänger-, Volkstanz- und Trachtengruppen im Sinne der Heimatpflege tätig.

In Westfranken, zu dem das heutige Mainfranken gehörte, ist Siedlungstätigkeit aus der Bronze- und Hallstattzeit nachgewiesen. Als wertvolles Beweisstück wurde erst 1970 in Acholshausen bei Ochsenfurt ein Kultwagen aus der Epoche um 1000 vor Christus entdeckt.

Bis Christi Geburt ist das heutige Mainfranken von Kelten besiedelt. Um 90 nach Christus bauen die Römer ihren Limes bis an den Rand des Odenwaldes bei Miltenberg am Main.

Im 3. und 4. Jahrhundert, während der Völkerwanderungen, sind im mainfränkischen Raum auch Alemannen und Thüringer seßhaft. Die über den Rhein drängenden Franken, die aus dem heute französischen Raum kommen, setzen ihre Siedlungstätigkeit mainaufwärts fort.

Zwischen 530 und 700 n. Chr. Fast alle Orte Mainfrankens führen ihre Gründung auf diese Zeit der fränkischen Besiedlung zurück.

689 Die Würzburger und die mainfränkische Geschichte beginnt eigentlich mit dem Märtyrertod der irischen Missionare Kilian, Kolonat und Totnan.

706 wird auf der „Würzburg", dem heutigen Marienberg mit der Festung, die erste Kirche errichtet.

742 begründet der hl. Bonifatius das Bistum Würzburg und ernennt den hl. Burkard zu dessen ersten Bischof.

788 erfolgt der erste Dombau in Würzburg über dem 752 aufgefundenen Kiliansgrab am Platz des heutigen Neumünsters.

768–814 Karl der Große strebt ein germanisches Großreich unter fränkischer Führung an. Aus seiner Zeit stammt das erste authentische Zeugnis über den Weinbau in Franken. Es handelt sich um eine Schenkungsurkunde des Kaisers an das Kloster Fulda.

1030 erhält der Bischof von Würzburg, Meginhard I., Münz-, Zoll- und Marktrecht.

1156 feiert Kaiser Friedrich Barbarossa in Würzburg seine Hochzeit mit Beatrix von Burgund.

1168 bestätigt Friedrich Barbarossa das fränkische Herzogtum unter der Hoheit der Würzburger Bischöfe.

1225 legt sich Bischof Hermann von Lobdeburg mit der Würzburger Bürgerschaft an, die nach mehr Freiheiten verlangt.

Im fränkischen Land gewinnen Territorialherren, wie die Grafen von Wertheim und Rieneck, von Hohenlohe, Henneberg und Castell und der Deutsche Orden, in zähem Konkurrenzkampf an Raum und Einfluß.

1397 stellt König Wenzel, Sohn Kaiser Karls IV., die Stadt Würzburg unter seinen und des Reiches Schutz. Trotzdem scheitert der Aufstand der Bürgerschaft gegen Fürstbischof Gerhard von Schwarzburg in der Schlacht von Bergtheim (1400).

1466–1499 regiert Bischof Rudolf II. von Scherenberg. Er führt das Hochstift Würzburg zu neuer Blüte.

1524–1525 Der sogenannte Bauernkrieg hat im mainfränkischen Raum einer Schwerpunkte. Bauern, aber auch Bürger aus den Städten, finden sich im Kampf gegen landesherrliche Obrigkeit zusammen und protestieren gegen immer höher geschraubte Abgaben. Gewalttaten der Aufständischen gegen die Territorialherren geben Anlaß zu blutiger Unterdrückung. Der erfolglosen Belagerung der bischöflichen Marienburg folgen der Zusammenbruch unter den Bauernscharen und harte Strafgerichte. Die Territorialherren gehen gestärkt aus den Wirren hervor.

Um 1530 findet unter Duldung und Vermittlung durch die Reichsritterschaft die Reformation Martin Luthers auch im mainfränkischen Land Eingang.

1531 stirbt Tilman Riemenschneider, Würzburgs begnadeter Bildschnitzer, aber auch Ratsherr und Bürgermeister der Stadt.

1573–1617 Unter starkem Einsatz von Julius Echter von Mespelbrunn, Fürstbischof in Würzburg, kehren die meisten Kirchengemeinden zum katholischen Glauben zurück. Julius Echter, Gründer der Würzburger Universität, erläßt Vorschriften gegen übermäßiges Festefeiern und hemmungslosen Weingenuß. Er verbietet, Getreidefelder in Rebgärten umzuwandeln. Seine Gründung des Juliusspitals für Arme und Kranke ist eine beispielhafte soziale Tat.

1618 geht das Renaissanceschloß der Kurmainzer Fürstbischöfe in Aschaffenburg seiner Vollendung entgegen.

1618–1648 Im Dreißigjährigen Krieg wird das Maingebiet Durchgangsland für die Truppen von Freund und Feind. Das schwer heimgesuchte Land blutet aus, ganze Dörfer veröden. Nach dem Sieg von Gustav Adolf über General Tilly bei Leipzig fallen die schwedischen Truppen, über Königshofen/Grabfeld und Schweinfurt zurückkommend, über das Land am Main her. Nach Einnahme der Festung Marienberg dauert die schwedische Herrschaft von 1631 bis 1634.

1642–1673 Rascher Wiederaufstieg durch Fürstbischof Johann Philipp von Schönborn, der die Stadt und die Festung neu ausbaut.

1720 Grundsteinlegung zur Würzburger Residenz unter Fürstbischof Johann Philipp Franz von Schönborn (1719–1724). Er berät mit dem gelernten Geschütz- und Glockengießer Balthasar Neumann, der nach Studium der Architektur in seiner Heimatstadt Eger 1714 mit 27 Jahren als Fähnrich in den Dienst des Hochstifts Würzburg trat, die ersten Pläne des Projektes. Der üppige Stil des auf Repräsentation bedachten Barock hält im Fränkischen seinen Einzug.

1729 wird Friedrich Carl von Schönborn, Großneffe des Johann Philipp, Fürstbischof von Würzburg. Balthasar Neumann erfreut sich des besonderen Wohlwollens des neuen Lehrherrn, wird zum Obristen der fränkischen Kreisartillerie ernannt und mit der Aufsicht über alle Festungsbauten beider Hochstifte, Würzburg und Bamberg, betraut.

Neumann baut überall zwischen Köln und Wien Kirchen und Schlösser, in Mainfranken auch Dorfkirchen. Doch der Würzburger Residenz gilt sein besonderes Augenmerk.

1753, auf dem Höhepunkt seines Schaffens, stirbt Balthasar Neumann. Tiepolo vollendet die Fresken im Treppenhaus der Residenz. Neumann wird in der Würzburger Marienkapelle beigesetzt.

1802/1803 Innerhalb Bayerns bringt die Säkularisation wesentliche Veränderungen. Das Hochstift Würzburg wird aufgelöst. Kirchliche und zum Teil klösterliche Besitzungen übernimmt der Staat. Die Würzburger Stiftungen Bürgerspital und Juliusspital bleiben unangetastet. 1814 werden auch die Reichsstädte Würzburg und Schweinfurt und das bisher kurmainzische Fürstentum Aschaffenburg Bayern zugeschlagen.

1811 baut der Buchdrucker Wilhelm Koenig in Würzburg die erste Schnellpresse der Welt.

1843 leitet die Gründung der Handelskammer für Unterfranken und Aschaffenburg eine stärkere industrielle Entwicklung in diesem Gebiet ein. Seit 1841 fuhren die ersten Dampfschiffe auf dem Main.

1854 wird durch einen Schienenstrang von Bamberg über Schweinfurt die Stadt Würzburg an die Eisenbahn angeschlossen. Am 1. Oktober des gleichen Jahres wird der Anschluß bis Aschaffenburg und Kahl am Main vollzogen, der von der hessischen Landesgrenze nach Frankfurt weiterführt.

1867 schafft das erste deutsche Genossenschaftsgesetz eine neue Basis für die kleinen Bauern und Winzer. In Franken wird 1901 die erste Winzergenossenschaft in Sommerach gegründet (1982 gibt es in den deutschen Anbaugebieten 406 Winzergenossenschaften).

1895 entdeckt Wilhelm Conrad Röntgen in Würzburg die nach ihm benannten Strahlen. Im gleichen Jahr leiten Ernst Sachs und Karl Fichtel in Schweinfurt die Herstellung von Kugellagern ein.

1901 wird die Staatliche Lehranstalt für Wein-, Obst- und Gartenbau in Veitshöchheim gegründet, der sich im Jahre 1912 die Staatliche Hauptstelle für Rebenzüchtung anschließt. Damit setzt die Schulung des Winzernachwuchses und die rechte Zuchtauswahl der Reben in Franken ein.

1914–1918 Der Erste Weltkrieg wirft die Entwicklung besonders in den ländlichen Bereichen Unterfrankens zurück. Erst 1922/23 bekommen die letzten Gemeinden Unterfrankens elektrischen Strom.

1922 feiert Würzburg sein erstes Mozartfest.

1945, am 16. März, bricht der Zweite Weltkrieg kurz vor seinem Ende mit einer Katastrophe von schlimmstem Ausmaß auf Würzburg herein. Englische Luftverbände verwandeln die Stadt am Abend in ein Flammenmeer. Mehr als 3000 Bürger und verwundete Soldaten in den Lazaretten kommen in dem Bombenangriff um. Man spricht vom „Grab am Main". Auch Schweinfurt und Aschaffenburg leiden schwer unter den Luftbombardements.

1956 bezieht die Regierung von Unterfranken ihr wiederaufgebautes Dienstgebäude am Peterplatz. Die Stadt Würzburg hat wieder 100 000 Einwohner. – Die letzten Trümmerlücken aus dem Bombenkrieg verschwinden in den achtziger Jahren aus dem Stadtbild.

Kunst und Kultur

Museen

Ein gerafftes Bild von all dem, was von den Kulturen der Frühgeschichte bis zum Biedermeier in *Würzburg* und seinem weiteren Umland geblieben ist, bietet das *Mainfränkische Museum* in den Räumen der Festung auf dem Marienberg. Kern des Museums ist die große Sammlung von Werken Tilman Riemenschneiders. Prachtstücke aus der Arbeit von Auvera, Tietz und Wagner, Grabdenkmäler fränkischer Rittergestalten aus dem 16./17. Jahrhundert, ein holzgeschnitztes Modell der Stadt von 1525, die Gemäldegalerie mit Lucas Cranach d. Ä., Tiepolo und fränkischen Malern wie Georg Anton Urlaub, aber auch auserlesene sakrale Kunst, eine Rokoko-Apotheke, Bauern- und Trinkstuben, eine Sammlung fränkischer Trachten und Münzen, prächtige Möbel bietet diese mainfränkische Schatzkammer.

Die Kelterhalle des Museums, mit einer stattlichen Reihe riesiger Weinkeltern und in den Vitrinen mit seltenen Stücken vergangener Glasbläserkunst aus dem Spessart, wurde mit dem deutschen Weinkulturpreis ausgezeichnet.

Schweinfurt hat sein *Stadtmuseum* mit dem Gedenkraum an seinen Dichter und Orientalisten Friedrich Rückert in dem schönen Renaissancebau des freigewordenen Alten Gymnasiums würdig untergebracht. Siegel und Fahnen vermitteln den Eindruck einer wohlhabenden bürgerlichen Betriebsamkeit, historische Werkstücke belegen den Erfindungsreichtum der Generationen im vorigen Jahrhundert.

Aschaffenburg besitzt zwei Museen. Das 120 Jahre alte *Stiftsmuseum* im Kapitelhaus gegenüber dem Rathaus zeigt geschichtliche und Kunstdokumente aus der kurmainzischen Vergangenheit.

Im Juli 1972 konnte nach dem Wiederaufbau des Schlosses Johannisburg im zweiten Obergeschoß dieses Prachtbaues das *Schloßmuseum* eröffnet werden. Es zeigt in Reichtum und Vielfalt an Gemälden, Möbeln, Gobelins mehr die bayerische Königszeit, aber auch ortsgeschichtliche Sammlungen von hohem Wert.

Einen besonderen Zugewinn in jüngster Zeit brachte private Initiative mit dem *Fränkischen Bauern- und Handwerkermuseum Kirchenburg Mönchsondheim* zustande.

Schlösser

Mainfranken ist reich an Schlössern und Burgen. Die *Festung auf dem Marienberg* in *Würzburg* war und ist sowohl das eine wie das andere. Als ursprünglich keltische Festung zum Schloß umgestaltet,

Adam und Eva von Riemenschneider

diente das Bauwerk den Würzburger Fürstbischöfen bis ins 18. Jahrhundert als Residenz. Die Fürstbischöfe Rudolf von Scherenberg, Lorenz von Bibra haben an der Festung gebaut, Julius Echter ließ 1578 den Ostteil des Südflügels, 1600 den Nordflügel errichten. Johann Philipp von Schönborn, auch Kurfürst von Mainz, sorgte 1648 für weitere Befestigungsanlagen, die erst im 18. Jahrhundert fertig wurden, und an denen neben Antonio Petrine am Schluß auch noch Balthasar Neumann beteiligt war.

Die *Residenz* zu Würzburg, das Paradestück aller Schlösser im westlichen Franken und Meisterwerk Balthasar Neumanns, war eigentlich ein Familienunternehmen der Schönborns, deren Fürstbischöfe in diesem ,,schönsten Pfarrhaus Europas" ihre ganze Macht entfalteten. Mehrere Baumeister, auch aus Paris und Mainz, waren an diesem Werk beteiligt, doch Neumann blieb der leitende Architekt. 1723 stand der Nordblock, 1730 wurde mit dem Südflügel begonnen, 1732 war die Hoffassade hochgeführt, 1737 wurde der Mitteltrakt in Angriff genommen, 1740 der Ostflügel und 1744 der Mittelpavillon vollendet. Der Venezianer Tiepolo gab dem Treppenhaus und dem Kaisersaal farbige Pracht. Nach den schweren Brandschäden des Krieges ist die Residenz in altem Glanz neu erstanden.

Schloß Werneck (s. Route 4) wurde von Balthasar Neumann in dem Jahrzehnt von 1734 bis 1744 vollendet, die noch ganz erhaltene Schloßkirche von Antonio und Materno Bossi kunstvoll ausgestaltet (jetzt Nervenheilanstalt im Schloß).

Das *Schloß* der Schönborns in *Wiesentheid* (s. Route 6) geht auf Rudolf Franz Erwein, Neffe des Fürstbischofs Lothar Franz von Schönborn, zurück, und zwar auf den Zeitabschnitt von 1708 bis 1724. Der Anlage mit großem Park nach englischem Muster gegenüber ließ er durch Balthasar Neumann die Wiesentheider Pfarrkirche errichten.

Ganz in der Nähe liegen die Schlösser und Familiensitze der Fürsten Siegfried Fürst zu Castell-Rüdenhausen und Albrecht Fürst zu Castell-Castell.

Schloß und Hofgarten Veitshöchheim bei Würzburg (s. Route 3), Sommersitz der Würzburger Fürstbischöfe, wurde 1680–1682 gebaut und durch einen Seitenpavillon von Balthasar Neumann 1753 ergänzt. Aus dem Park wurde ein Lustgarten mit Putten und rebgeschmückten Figuren von Ferdinand Tietz und einem mit den sieben Musen rundum geschmückten See.

Zu weiteren Schlössern, Burgruinen und Herrensitzen im mainfränkischen Weinland laden ein: Mainstockheim, Mainsondheim, Mainberg und Theres (s. Route 2), Gemünden/Main und Creglingen/Tauber (s. Route 3), Thüngen und Trimberg (s. Route 4), Triefenstein und Homburg, Wertheim, Mondfeld und Kleinheubach (s. Route 1).

Kirchen

In Würzburg zählt man 40 katholische und evangelische Gotteshäuser. Mit ihrem Dom besitzt die Stadt die viertgrößte romanische Kirche Deutschlands, 1054 begonnen, Osttürme von 1237, um 1700 durch P. Magno in reichem Hochbarock stuckiert; Weihe nach Wiederaufbau im Mai 1967.

Überall in der fränkischen Weinlandschaft laden Wallfahrtskirchen zu frommem Verweilen ein, so das Münster in Schwarzach am Main, die Marienwallfahrtskirche in Dettelbach, Maria im Weingarten zu Volkach, Maria im grünen Tal in Retzbach, Mariabuchen bei Lohr im Spessart, die alte Wallfahrtskirche in Schmerlenbach bei Aschaffenburg, die Klosterkirche auf dem Engelsberg bei Großheubach am unteren Main, Maria im rauhen Winde in Kälberau. In altehrwürdiger Pracht erhalten, zeigen sich Kirchen und Kapellen in Iphofen, Volkach, Ochsenfurt und Frickenhausen, die evangelischen Kirchen in Rüdenhausen und Castell, die Abteikirche in Amorbach, St. Johannis und St. Salvator in Schweinfurt und nicht zuletzt die Stiftsbasilika in Aschaffenburg mit dem Grünewald-Bildwerk „Beweinung Christi".

Rathäuser

Die Stadt Würzburg kaufte 1316 den Grafeneckartbau, 400 m vom Dom entfernt, und richtete dort ihr Rathaus ein, das in vergrößertem Umfang noch heute Bestand hat. Das Schweinfurter Rathaus am Marktplatz stammt aus den Jahren 1570–1572, ein erstaunlicher Bau aus jener Zeit, als die Stadt noch nicht einmal 4000 Einwohner zählte. Erstaunlich auch, welche Bedeutung durch bauliche Ausmaße die größeren Städte und Ortschaften auf dem Land, besonders in den reicheren Weinbaugemeinden, ihren Rathäusern zugestanden. Man braucht von Würzburg aus nur mainaufwärts zu fahren, um die aus Wohlhabenheit und rechtem Bürgerstolz im 16., 17. und 18. Jahrhundert entstandenen Prachtbauten bewundern und bestaunen zu können. Da ist Eibelstadt (1706–1708) und Frickenhausen, auf der anderen Seite der mächtige und schöne Ochsenfurter Mittelpunkt (1486–1494), da fallen der alte Handelsplatz Marktbreit mit seinem natursteingrauen Rathaus, und jenseits des Flusses, die Bauten in der Ortsmitte von Segnitz und Sulzfeld auf. Die Rathäuser der Weinhandelsstadt Kitzingen, der Städte Volkach (1542–1544) und Iphofen (1716–1718) sind ebensolche Zeugen bürgerlichen Selbstbewußtseins. Mainabwärts zeigt die Kreisstadt Karlstadt mit dem Treppendach-Rathaus und der stolzen Freitreppe eine beachtenswerte Visitenkarte vor.

Kunst im Weinberg

Das ganze Frankenland besitzt einen reichen Bildstockbestand, in Unterfranken ist er am dichtesten. Er belebt die Fluren, die Dörfer und Städte mit der Vielfalt seiner Bilder und Formen.

Speisen und Getränke

Herzhafte Mahlzeiten passen in die fränkische Landschaft, sie gehören sogar zu ihr. *Schweinebraten* oder *Sauerbraten mit Klößen und Salat*, sie stehen überall preiswert auf der Speisekarte obenan.

Hier gibt es auch noch *Wirsinggemüse* (frisch aus dem Garten) *mit gekochtem Rindfleisch und Kartoffelpüree*, oder ein *Tellerfleisch mit Meerrettich*, dieses Knollengewächs gerieben oder als Soße. Wer das Gebratene auf jeden Fall meiden will, kann gekochtes *Knöchle* oder *Ripple*, jeweils mit oder ohne warmes *Sauerkraut*, wählen.

In Würzburg, auch in zahlreichen kleineren Städten und Marktgemeinden, gibt es erstklassige Speiselokale, die sonntags zum Essen von Gästen wie von Einheimischen angefahren werden, in Marktheidenfeld, Ochsenfurt oder in Frickenhausen, in Volkach, Iphofen oder Mainbernheim, um nur einige zu nennen.

Dort stehen auch Gerichte auf der Karte, die mit Wein zubereitet werden: *Scheurebe-Rahmsuppe mit Croûtons* zum Beispiel, oder *Zanderfilet in Silvaner gedünstet*, oder *Hirschrückenfilet in Rotwein mit hausgemachten Eierspätzle*, doppeltes *Rinderfilet in Rotwein mit frischen Gemüsen* . . . und wie die Schöpfungen der Küchenchefs alle heißen.

Zu den meisten feinen Sachen können auch Mehlprodukte bestellt werden, doch hier in Unterfranken haben Nudeln oder Spätzle die guten Klöße aus dem Kochbuch der Großmutter zu keiner Zeit und auch nicht in der Gegenwart je übertroffen. Am meisten gefragt sind die *Thüringer Knödel*, die aus geriebenen rohen und aus dem Brei gekochter Kartoffeln gemischt und mit einem gerösteten Weißbrotwürfel versehen werden. Ohne Kartoffeln geht es in diesem Landstrich nicht, sie werden als „das beste Gemüse" bezeichnet, obwohl es auf leichteren Böden am Main im Frühsommer über sechs Wochen doch auch den frischgestochenen *Spargel* in variablen Zubereitungsarten gibt, mit rohem oder gekochtem Schinken, zu einem Schnitzel oder Steak. Dazu werden Salzkartoffeln gereicht, mit heißer Butter übergossen.

Landgasthöfische Atmosphäre und häufig auch Eigenbauweine vervollständigen die Tafelfreuden. In einem guten Eßlokal hat, wie gesagt, noch selten jemand über den Wein zu klagen brauchen.

Über die *Forelle*, blau zubereitet, oder gegrillt oder paniert gebacken, wird der Kenner bald auf den Geschmack kommen, daß der Fisch in dieser Weingegend auf allen anspruchsvollen Speiseplänen seinen guten Platz hat. Der Main ist kein Fischwasser mehr, die „Meefischle" als gerühmte Würzburger Spezialität sind zur Rarität geworden. Bachforellen aus der Rhön oder dem Spessart werden bevorzugt, Schleien und Rotaugen, Hecht und Aal kommen in kleineren Mengen noch aus dem oberen Main.

Die ausgesprochene Spezialität jedoch ist in den Monaten, die ein „r" in ihrem Namen führen, der gebratene *Karpfen* aus fränkischer Zucht. Er ragt zumeist über den Tellerrand hinaus. Salate sind nur Beigaben, dagegen kann bei diesem Mahl auf den kräftigen Schoppen des fränkischen Silvaners nicht verzichtet werden. Der Fisch will schwimmen, heißt es so beiläufig. In diese Kategorie landschaftsbedingter Köstlichkeiten gehört auch das Jagdbüffet mit erlesenen *Wildspezialitäten*, mit trockenen Stückchen vom Reh und Wildschweinschinken, der aus dem Spessart geliefert wird.

Deftige Happen bekommt man bei einer original *Schweinfurter Schlachtschüssel* in gehäufelten Portionen auf den Tisch, wenn der Metzger an Ort und Stelle die besten Stücke vom Schwein dampfend aus dem Kessel holt und sie, mundgerecht verkleinert, auf weißgescheuerten Tischplatten appetitlich vor den Gästen ausbreiten läßt. Pfeffer und Salz, Meerrettich und Brotwürfel sind auf dem Tisch gerichtet, und die fleißigen Bedienungen bringen, alles ohne Teller, warmes Sauerkraut dazu. Am Anfang werden feine Scheiben vom Bauch, Backe und Bug serviert, was zu fett ist kann ungeniert zur Seite geschoben werden, denn das Beste wie Kopffleisch, Zunge, Herz, Nieren kommt noch. Dazu der liebe Schoppen Frankenwein, am Schluß ein fränkischer Zwetschgenschnaps und aller Hunger ist gestillt. Das Urvergnügen dauert runde drei Stunden. Das ist längst nicht mehr allein den Schweinfurtern vorbehalten, ihre Schlachtschüssel ist in ganz Mainfranken Mode geworden. Man muß als Fremder nur das Glück haben, sich so einer Schlachtschüsselgesellschaft anschließen zu können. Die Sache ist auch selbst zu arrangieren, von zehn Personen aufwärts, möglichst in der Zeit von Oktober bis April.

Aus dem Weinort Sulzfeld bei Kitzingen ist die *Meterbratwurst* berühmt. Bratwurst ist ohnehin eine Spezialität zum fränkischen Schoppen. In Sulzfeld wird sie meterweise, schön in Schneckenform aufgereiht, in einer Länge vorgesetzt, die sich der Gast seinem Appetit entsprechend zutraut. Der Rekord von 1967 im ,,Goldenen Löwen", gleich vor dem Sulzfelder Rathaus, steht bei 5,20 m. Solche Rekordesser gibt es heute kaum noch. Doch schon wer einen Meter verdrückt, bekommt in dem Stammhaus der Meterbratwurst eine DIN-A 4-Urkunde mit Namenseintrag als Andenken mit.

Verwandt mit der Bratwurst sind die *Blauen Zipfel*, die in einem gewürzreichen Sud aufgekocht, hauptsächlich mit Zwiebelringen garniert, möglichst warm serviert werden. Dazu gibt es Schwarzbrot. Zum Weißwein gern gegessen wird auch der *angemachte Camembert*, eine Mischung von Käse und Butter und fein gehackten Zwiebeln, wobei die Käsesorte überwiegen sollte. Scharfer Paprika gibt dem ,,Gerupften", wie er in Würzburg auch heißt, die Farbe. Blaue Zipfel und der angemachte Camembert sind speziell für Weinlokale so etwas wie eine Visitenkarte ihrer jeweiligen ,,kleinen Küche".

Im gesamten Mainfranken wird gut und gern gevespert, schon zum zweiten Frühstück, auch anstatt Kaffee am Nachmittag oder als Ersatz für das Abendessen. Im westlichen Franken gebe es die besten Wurstmacher, behaupten die Kenner.

Tatsächlich ist der *Rotgelegte*, der *weiße Preßsack*, die *Leber-*, *Speck-* und *Griebenwurst* in keiner anderen Gegend so schmackhaft gewürzt zu haben. Daneben gibt es noch an die dreißig andere Wurst- und Schinkensorten, aber auf die erwähnte, angestammte Wurst im Naturdarm, wie sie oft der Hausmetzger auch in der Dose auf dem Programm hat, schwört der Franke. Der Schoppen Wein kann da nicht mehr Alleinherrscher sein, hier spielt das Bier in Glas oder Krug zumeist die Hauptrolle.

Die Bäck- und Weinstubenwirte, wo das frisch Gebackene, die ofenwarme *Käse-* oder *Schinkenstange*, auch der kräftig gebackene *Kipf*, das knusprige Brötchen also, zum Wein gereicht werden, diese gemütlichen Stuben gibt es in Würzburg noch. Brot und Wein gehören als Einheit zum gehobenen Gaumengenuß. Hier wird sogar ein eigenes *Schoppen-Brot* gebacken, das Roggenbrot mit der dicken Kruste, das sich mit dem Aroma des Weines so gut verträgt.

Man sagt, der Inbegriff des feinen Genusses sei die volle Harmonie von Speise und *Wein* (s. auch ,,Kleine Weinkunde"). Die Ratschläge dazu sind bekannt: Zum dunklen Fleisch, etwa zum Wildschweinbraten, gehört Rotwein, zu hellem Fleisch, auch zum Fisch, paßt ein Weißwein. Doch die trocken ausgebauten Frankenweine sind für jede Mahlzeit geeignet, was auch auf den Tisch kommt. Das soll den fränkischen Rotwein, der ja auf dem Vormarsch ist, nicht herabsetzen.

Wenn mainfränkische Küche und ihre gastronomischen Spezialitäten zu begutachten sind, kann vom Frankenwein allein nicht die Rede sein, auch das *Bier* verdient hier Erwähnung. Die Metropole Würzburg mit zwei namhaften Brauereien ist auch eine Bierstadt von internationalem Ruf. Im Umland, wo die bevorzugte fränkische Braugerste gedeiht, sind noch ein halbes Dutzend namhafte Brauereien in Betrieb.

2,8 Millionen Hektoliter Bier bringen die unterfränkischen Braustätten jährlich in die Gaststätten und auf den Getränkemarkt. Stellt man die 650 000 Hektoliter der fränkischen Rekordweinernte 1982 dieser Millionenzahl zum Vergleich entgegen, dann wird deutlich, welch bedeutender Anteil an Gerstensaft auch in Weinfranken durch die durstigen Kehlen rinnt. Die sieben Sorten unterfränkischer Biere, vor allem das schön im Glas stehende Pils, sind von anerkannt hoher Qualität.

Weil das Thema interessant ist, hier noch ein Zahlenvergleich. Statistisch kommen auf jeden Einwohner des Freistaates Bayern 230 Liter Bier im Jahr. Dort, wo Rebensaft in die Fässer fließt, wie im fränkischen Weinland, ist ein Bierkonsum von 180 Liter pro Einwohner errechnet. Dafür werden hier pro Einwohner 45 Liter Wein im Jahr getrunken, bei einem Bundesdurchschnitt von 25 Litern. Die Italiener trinken 180, die Franzosen 240 Liter Wein im Jahr, was so ungefähr dem gesamtbayerischen Bierkonsum entspricht.

In diesem Zusammenhang muß gesagt werden, daß die fränkischen Winzer und Kellermeister ausgesprochene Bierliebhaber sind. ,,Der Hopfen dämpft die Öchsle", sagen sie, und er mache den Wein so recht bekömmlich.

Nach der Weinprobe hockt man sich meistens in der Stammkneipe noch einmal zusammen. ,,Bier auf Wein, das laß sein", dieser Ratschlag aus früheren Zeiten gilt hierzulande schon lange nicht mehr.

Kleine Weinkunde

Weinbau in Franken

Im fränkischen Weinland, das sich fast ausnahmslos auf Unterfranken konzentriert, sind 6000 ha Fläche als geeignetes Rebland anerkannt. Damit liegt das Weinbaugebiet Franken an sechster Stelle unter den elf Anbaubereichen der Bundesrepublik Deutschland.

Im Ertrag stehen in Franken zur Zeit 5200 ha Rebland. An Junganlagen unter drei Jahren und unbestockter Fläche, die zur Flurbereinigung und Neubepflanzung anstehen, kommen demnächst zum Abschluß noch ca. 200 ha dazu.

Mit 650 000 Hektolitern brachte der Herbst 1982 für Franken die größte Weinernte des Jahrhunderts und so viel Wein wie die Ernten 1979, 1980 und 1981 zusammen.

Die amtliche Qualitätsweinprüfung bei der Regierung von Unterfranken ist für den gesamten Weinbau in Bayern zuständig.

Das unterfränkische Anbaugebiet wird unterteilt in den Bereich Mainviereck (von Aschaffenburg bis Lohr, einschließlich Werngrund und Fränkische Saale), den Bereich Maindreieck (mit Würzburg und der Mainschleife bei Volkach) und den Bereich Steigerwald (mit Iphofen und Castell).

In Unterfranken mit seinen 304 Gemeinden wird in 98 Gemarkungen Wein angebaut. Sie verteilen sich auf acht der neun Landkreise (nur Rhön-Grabfeld scheidet aus). Der Kreis Kitzingen, Weinlandkreis genannt, steht mit 1850 ha Rebland vor den Kreisen Würzburg (930 ha) und Main-Spessart (220 ha).

Mit fast 100 ha ist der „Würzburger Stein" die größte zusammenhängende Weinbergslage in der Bundesrepublik. Zum Stadtbereich Würzburg gehören 180 ha Rebland. Die größte Weinbaugemeinde Frankens ist Nordheim am Main mit 350 ha.

Von den 6500 fränkischen Winzern besitzen 5500 weniger als 1 ha Rebland. Sie sind in der Mehrzahl Landwirte und Winzer im Nebenerwerb. Fast alle liefern ihre Trauben an eine der Winzergenossenschaften. Es sind die Gebietswinzergenossenschaft Franken Repperndorf (GWF) sowie Nordheim, Thüngersheim, Randersacker, Sommerach und „Steigerwald" Castell. Dazu kommt der Winzerverein Frankonia Kitzingen-Hoheim, ein Zusammenschluß produzierender Weinhandelsbetriebe. Kleinere Winzergenossenschaften gibt es in Michelbach/Kahlgrund und in Hammelburg.

Zwei Drittel der Weinbaubetriebe in Franken sind in den staatlich anerkannten Erzeugergemeinschaften zusammengeschlossen. Diese Gemeinschaften erfassen rund 55% der jährlich erzeugten fränkischen Weinmenge.

Eine wichtige Stellung im fränkischen Weinbau nimmt die „Vereinigung Fränkische Weingüter und Selbstmarkter e. V." mit 50 Mitgliedsbetrieben und 600 ha Rebfläche ein. Diese Winzer vermarkten ihre im eigenen Keller ausgebauten Weine selbst. Die einzelnen Betriebe verfügen über eigenes Rebland zwischen 5 und 16 ha.

Mitglied dieser Gruppe sind auch die drei großen Würzburger Güter. Das Staatsweingut (Hofkeller unter der Residenz) hat von seinem 188 ha großen Rebland 133 ha im Ertrag. Das Juliusspital-Weingut verfügt über 78 ha Ertragsrebfläche bei insgesamt 165 ha Rebland, und beim Bürgerspital zum Hl. Geist, dem größten städtischen Weingut der Bundesrepublik, stehen von 140 ha zur Zeit 98 ha im Ertrag.

Weinbergböden und Weinqualität

Allgemein heißt es, daß im Gebiet des unteren Maines (Klingenberg, Großheubach, Miltenberg, Bürgstadt) auf Buntsandstein der Rotwein am besten gedeiht, daß auf dem kristallinen Glimmerschiefer des Kahlgrundes (Hörstein, Michelbach, Wasserlos) der Riesling seine höchste Fruchtigkeit gewinnt, an den Steillagen des Maines von Karlstadt an, über Würzburg bis Kitzingen, der Muschelkalk die besten Silvaner und Scheureben wachsen läßt und am westlichen Steigerwald (Iphofen, Rödelsee, Großlangheim, Castell) der schwere Keuper und der Gipskeuper die besten Müller-Thurgau-Weine hervorbringt.

An den Steillagen über der Mainschleife (Eisenheim, Volkach, Escherndorf mit der Vogelsburg, Nordheim und Sommerach) spricht man allen in Franken angebauten Rebsorten gleichgute Qualitätschancen zu. Traminer und Bacchus wird man freilich nirgends besser finden als hier.

Rebsorten in Franken

Bei Weißweinen werden in Franken drei Gruppen unterschieden. *Müller-Thurgau-Gruppe:* Ortega, Müller-Thurgau, Perle, Bacchus, Optima, Faber. *Silvaner-Gruppe:* Kerner, Ruländer, Silvaner, Traminer, Huxelrebe, Albalonga, Weißer Burgunder, Morio-Muskat. *Riesling-Gruppe:* Rieslaner, Riesling, Mariensteiner, Scheurebe.

Von den 42 beim Bundessortenamt in Bonn gemäß der EG-Weinmarktorganisation für die Bundesrepublik Deutschland genehmigten Rebsorten sind für Franken 25 Weißwein- und vier Rotweinsorten klassifiziert und für den Anbau zugelassen.

Folgende Rebsorten haben für Franken besondere Bedeutung:

Müller-Thurgau: 48% der fränkischen Rebfläche ist mit dieser Sorte bestockt. 1882 von Professor Hermann Müller aus dem Schweizer Kanton Thurgau in der Staatlichen Lehr- und Versuchsanstalt Geisenheim gezüchtet, bringt die Sorte einen Wein mit zartem Muskataroma und mildem Geschmack hervor. Die Rebe ist nicht wetterempfindlich, die Trauben reifen früh und die Sorte gilt als einigermaßen ertragssicher. Sie wird als Kreuzung Riesling mal Silvaner angesehen.

Silvaner: Die Sorte wird seit 300 Jahren in Franken angebaut. In der Hektarzahl hat sie ihre führende Rolle an den Müller-Thurgau verloren, doch mit steigender Tendenz darf man ihr heute wieder 35% zurechnen. Silvaner ist die fränkische Sorte mit dem ausgeprägten Gebietscharakter. Sie bringt kein hervorstechendes Bukett, doch ihr Extraktreichtum bei harmonischer Säure macht sie besonders bekömmlich. Herkunft und Kreuzung sind nicht bekannt.

Riesling: Wegen ihrer schwankenden Erträge nimmt diese Sorte nur 3½% der fränkischen Rebfläche ein. Sie ist die älteste und verbreitetste deutsche Rebsorte, und sie verlangt klimatisch beste Lagen. Elegante Säure macht den Riesling lange lagerfähig. Über seine Abstammung ist nichts Näheres bekannt.

Rieslaner: Der Name dieser in Franken gezüchteten Rebe ist eine Zusammensetzung aus Riesl(ing) und (Silv)aner. Der durchweg niedrige Ertrag bringt einen fruchtigen, gehaltvollen Wein bis zur höchsten Prädikatsstufe. Der Freund extraktreicher Weine sollte ihn bei einem Besuch in Franken unbedingt getrunken haben.

Hofkeller in Würzburg

Scheurebe: 1916 von dem Rebenzüchter Georg Scheu in der Versuchsanstalt Alzey herausgebracht, konnte sie sich als Neuzüchtung in Franken erst nach dem Kriege durchsetzen. Die anspruchsvolle, bukettreiche Rebe bringt auf fränkischem Muschelkalkboden unverkennbare Weine von hoher Qualität. Ihr Anteil in Franken liegt bei 4%. Kreuzung Silvaner mal Riesling.

Bacchus: Die am Geilweiler Hof in der Pfalz gelungene Dreierkreuzung Silvaner mal Riesling mal Müller-Thurgau konnte sich in Franken auf Anhieb durchsetzen. Sie ähnelt im blumigen Bukett der Scheurebe, ist aber wesentlich ertragreicher und reift früh. Ein harmonischer und trotz seiner hohen Naturzuckerwerte bekömmlicher Wein.

Kerner: Diese Neusorte wurde aus der Kreuzung Trollinger mal Riesling (eine Rotwein- mit einer Weißweinsorte) an der Lehr- und Versuchsanstalt Weinsberg gezüchtet und 1969 zum Anbau freigegeben. In Franken hat der rieslingartige Kerner bereits 7% der Anbaufläche erobert. Er kann im Herbst lange am Stock bleiben und übertrifft den Riesling sowohl im Ertrag als auch im Mostgewicht. Ein fruchtiger Wein mit einem zarten Muskatton.

Perle: Aus den Elternsorten Gewürztraminer und Müller-Thurgau von Georg Scheu gezüchtet und von Prof. Breider, Würzburg, weiterentwickelt, gilt die Perle als weniger frostanfällig. Ihr geringer Anbau hängt mit dem schwachen Ertrag zusammen. Die rötliche Traube erzeugt einen duftigen, milden Wein.

Traminer: Diese alte Sorte (auch Gewürztraminer) bringt in guten Jahren in Franken einen vorzüglichen Wein mit angenehmem Rosenduft. Ein Festtagswein, mild und gehaltvoll. Die Traube ist rötlich, ihre Herkunft nicht näher bekannt.

Morio-Muskat: Diese schon ältere Neuzüchtung aus den Elternsorten Silvaner mal Weißer Burgunder gilt als reichtragende Rebe, die Weine mit ausgeprägtem Muskatton hervorbringt. In Franken nur vereinzelt anzutreffen. Ihr Züchter ist Peter Morio (Geilweilerhof).

Ortega: An der Bayerischen Landesanstalt für Weinbau und Gartenbau in Würzburg gezüchtet (Kreuzung Müller-Thurgau mal Siegerrebe), bleibt der südländische Geschmackstypus für Franken umstritten.

Faberrebe: Diese Kreuzung aus Weißer Burgunder und Müller-Thurgau paßt ihrer hohen Extraktwerte gut in die fränkische Weinlandschaft.

Albalonga: Von Prof. Dr. Breider in Würzburg gezüchtet, bringt der Wein ein auffälliges Sortenbukett mit kräftiger Säure.

Mariensteiner: Eine ebenfalls in Würzburg gezüchtete Sorte, die später austreibt, daher weniger frostempfindlich und für Franken besonders geeignet ist. Kreuzung: Silvaner mal Rieslaner.

Der Rotwein-Anbau macht in Franken 4% der Gesamtrebfläche aus. Am meisten wird der *Portugieser* angebaut, eine reichtragende Sorte mit hellroten, frischen Weinen. *Spätburgunder* wird in der Qualität höher eingeschätzt, stellt auch an die Lage höhere Ansprüche. In Franken trifft man da und dort auch auf die Rotweinsorten *Domina* und *Helfensteiner.*

Roséweine, auch Weißherbst genannt, sind aus Rotweintrauben hergestellt, denen durch sofortiges Pressen der rote Farbstoff entzogen wird, so daß sie hellfarbig im Glase stehen. Der Rotwein bleibt dagegen einige Tage auf der Traubenmaische und gewinnt dadurch seine tiefrote Farbe. Das Weingesetz erlaubt in besonderen Vorschriften den Verschnitt von rotem und weißem Most zum ,,Rotling", in Württemberg ,,Schillerwein" genannt. In Franken werden diese Weine nicht hergestellt.

Eigene Anbau-Vorschriften

Der Fränkische Weinbauverband (4500 Mitglieder) gab sich, um die Qualität der Frankenweine nicht zu gefährden, eigene Vorschriften. So ist in Franken jeglicher Verschnitt mit Weinen aus anderen Anbaugebieten grundsätzlich verboten. Frankenweine mit dem gelben Weinsiegel ,,trocken" dürfen nicht mehr als 4 Gramm Zucker pro Liter aufweisen (in anderen Anbaugebieten 9 g/l). Den Begriff ,,halbtrocken" gibt es in Franken nicht. ,,Landwein" wird nicht hergestellt. Das gelb-grüne fränkische Gütezeichen garantiert gehobene Frankenwein-Qualität.

Für Frankenweine mit Prädikat sind in den einzelnen Qualitätsstufen folgende natürlichen Mindestalkoholgehalte und Öchslegrade vorgeschrieben:

Kabinett: 10° A./76° Öchsle. *Spätlese:* 12,2° A./90° Öchsle (für Ruländer, Scheurebe, Traminer, Rieslaner), für übrige Weißweinsorten 11,4° A./85° Öchsle. *Auslese:* 13,8° A./100° Öchsle. *Beerenauslese:* 17,7° A./125° Öchsle. *Trockenbeerenauslese:* 21,5° A./150° Öchsle. Für den Qualitätswein aus dem Anbaugebiet Franken (QbA) gelten 7,5° Mindestalkohol und 60° Öchsle.

Der *Bocksbeutel* als orginal-fränkische Weinflasche wird in Würzburg schon 1718 als gültiges Maß verwendet. Seit Jahren bemühen sich die fränkische Weinwirtschaft und das zuständige bayerische Staatsministerium um einen europäischen Gebrauchsschutz für diese Flaschenform.

Weinlehrpfade

Der *Wein- und Wanderlehrpfad Abtswind* (Lkr. Kitzingen), am 11. Juli 1971 der Öffentlichkeit übergeben, war die erste fränkische Einrichtung dieser Art für den Gast. Der Pfad führt durch die Lagen ,,Schild" und ,,Altenberg". 18 beschriebene Faßböden vermitteln Wein- und Rebenkenntnis. Von 20 Ruhebänken und der Aussichtskanzel aus läßt sich der vordere Steigerwald überblicken. Wanderzeit zwei Stunden, oder in verkürztem, markiertem Umfang eine Stunde.

Bekannt geworden ist auch der *Würzburger Steinweinpfad*, am 6. Juni 1978 eröffnet, und mit sehenswerten Arbeiten fränkischer Künstler ausgestattet. Der Pfad zieht in zwei Schleifen von 2,5 km und 2 km Länge durch die altbekannte Würzburger Renommier-Lage ,,Stein". 60 Tafeln und Darstellungen informieren. Alle am ,,Stein" gepflanzten neun Rebsorten werden vorgestellt, über die alte Rebenerziehung und die moderne Rebenzüchtung wird aufgeklärt.

Ferien im Fränkischen Weinland, im Steigerwald und in den Haßbergen

Angelgelegenheit

bieten im *Fränkischen Weinland:* Arnstein, Aub, Bad Mergentheim, Dettelbach, Eibelstadt, Eisenheim, Erlabrunn, Frickenhausen, Gemünden, Gerolzhofen, Hammelburg, Iphofen, Karlstadt, Kitzingen, Marktbreit, Marktheidenfeld, Ochsenfurt, Randersacker, Röttingen, Schwarzach, Sommerach, Sommerhausen, Sulzfeld, Thüngersheim, Veitshöchheim, Volkach, Wertheim, Würzburg und Zellingen; im *Steigerwald:* Burghaslach, Burgwindheim, Eltmann, Markt Bibart, Prichsenstadt, Scheinfeld, Schlüsselfeld; in den *Haßbergen:* Burgpreppach, Ebern, Haßfurt, Hohnhusen, Stadtlauringen.

Auskünfte

Auskünfte über touristische Fragen erteilen: *Gebiet Fränkisches Weinland,* Zeppelinstr. 15, 8700 Würzburg, Tel. (09 31) 8 00 32 46; *Ferienland Main-Spessart,* Marktplatz 8, 8782 Karlstadt, Tel. (0 93 53) 7 93-3 44; *Spessart-Main-Odenwald,* Promenadeweg 11, 8751 Heigenbrücken, Tel. (0 60 20) 16 94; *Gebiet Steigerwald,* Postfach 28, 8612 Ebrach, Tel. (0 95 53) 2 17; *Gebiet Haßberge,* Rathaus, 8729 Hofheim, Tel. (0 95 23) 2 68; *Verein Naturpark Haßberge e. V.,* Landratsamt, 8728 Haßfurt, Tel. (0 95 21) 2 70, sowie alle Verkehrsämter der Städte und Gemeinden.

Autobusverkehr

Autobuslinien von Bundesbahn sowie privater Unternehmen erschließen weite Teile unseres Reisegebietes. An zahlreichen Ferienorten werden Ausflugsfahrten veranstaltet. Auf Autobusverbindungen wird am Schluß der Ortstexte hingewiesen.

Bocksbeutelstraße

Die *Bocksbeutelstraße* (Karte s. unten) erschließt dem Touristen das weinselige Frankenland. Als Idee und Initiative der fränkischen Weinwirtschaft ist die Bocksbeutelstraße schon einige Jahrzehnte alt. Ursprünglich ging man davon aus, daß überall dort, wo in Franken Wein wächst, auch die Bocksbeutelstraße verläuft. Neue Überlegungen haben die Erfahrung bestätigt, daß der Tourist in unserer Zeit zwar behutsam, aber konkret geführt und informiert werden möchte. Er nimmt sich keine Zeit für nutzlose Umwege. Er möchte die reizvollen Städte, Schlösser, Burgen, Klöster, alten Winzerdörfer, gemütlichen Weinstuben und Heckenwirtschaften zielsicher ansteuern.

Niemand aber, der Franken besucht, wird die altehrwürdige Universitätsstadt Würzburg auslassen wollen. So hat es sich angeboten, Würzburg zum „touristischen Nabel" der neuen „Bocksbeutelstraße" zu machen. Und plötzlich – wie

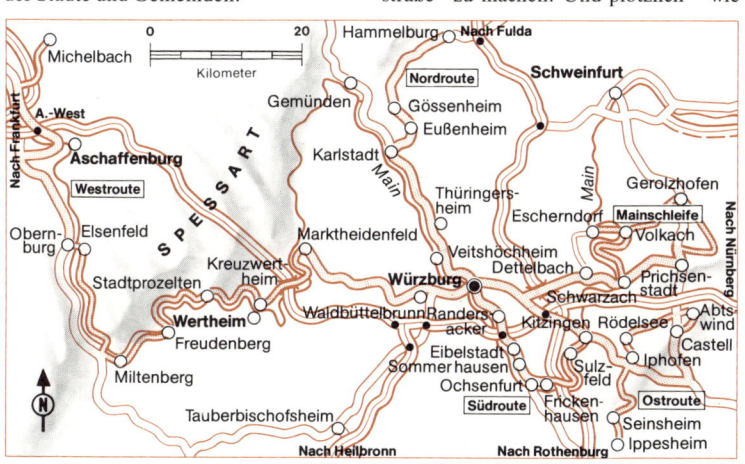

durch einen Zaubertrick – wird durch den Vorschlag einer WESTROUTE in Richtung Aschaffenburg, einer NORD-ROUTE in Richtung Hammelburg, einer OSTROUTE mit den Höhepunkten Iphofen, Castell und Ippesheim, einer SÜDROUTE mit Sommerhausen, Ochsenfurt und dem Abstecher ins Taubertal sowie der bereits berühmten MAIN-SCHLEIFE mit dem Glanzpunkt Volkach die „Bocksbeutelstraße" ein für jedermann erfaßbarer Wegweiser.

Jeder Autofahrer sucht sich so ohne fremde Hilfe seine Route heraus, die er in überschaubarer Zeit ohne Hast und Eile bewältigen kann.

Nicht jeder Weinort liegt nun an der neuen „Bocksbeutelstraße", dieses Zugeständnis muß an die Übersichtlichkeit der Routenführung gemacht werden. Aber die neue „Bocksbeutelstraße" ist ein idealer „Einstieg" für zukünftige Freunde des Frankenweines und des Frankenlandes.

Bootssport

Paddelbootsfahrten sind auf Main, Fränkischer Saale und Tauber möglich. Bei Aschaffenburg und Stadtprozelten ist auch *Wasserski* auf dem Main erlaubt.

Camping s. Unterkunft.

Eisenbahnen

Die wichtigsten Eisenbahnlinien sind die Strecken Frankfurt – Aschaffenburg – Gemünden – Würzburg – Nürnberg, Aschaffenburg – Miltenberg – Wertheim – Lauda, Würzburg – Schweinfurt – Bamberg und Würzburg – Marktbreit – Ansbach.

Freibäder

haben im *Fränkischen Weinland:* Aub, Bad Mergentheim, Gemünden, Gerolzhofen, Hammelburg, Karlstadt, Kitzingen, Marktheidenfeld, Ochsenfurt, Schweinfurt, Thüngersheim, Veitshöchheim, Volkach, Werneck, Wertheim, Würzburg, Zellingen; im *Steigerwald:* Abtswind, Burghaslach, Ebrach, Markt Einersheim, Scheinfeld, Schlüsselfeld, Sulzheim; in den *Haßbergen:* Ebern, Hofheim, Hohnhausen, Maroldsweisach.

Hallenbäder

gibt es im *Fränkischen Weinland* in: Arnstein, Bad Mergentheim, Dettelbach, Frickenhausen, Gemünden, Gerolzhofen, Hammelburg, Höchberg, Iphofen, Karlstadt, Kitzingen, Marktheidenfeld,

Ochsenfurt, Schweinfurt, Volkach, Wertheim, Würzburg; im *Steigerwald* in: Burgebrach, Scheinfeld, Sulzheim; in den *Haßbergen* in: Ebern, Haßfurt, Hofheim, Königsberg, Zeil am Main.

Jugendherbergen s. Unterkunft.

Radwandern

Ein Kundendienst der Deutschen Bundesbahn ist die Aktion *Fahrrad am Bahnhof.* Gegen eine Mietgebühr von 10 DM (bei Anreise mit der Bahn nur die Hälfte) können von April bis Ende Oktober an folgenden Bahnhöfen unseres Reisegebietes Fahrräder gemietet werden: Gemünden, Miltenberg und Wertheim. Fahrradverleih bieten auch Burgprebpach, Dettelbach, Hammelburg, Hofheim, Hohnhausen, Ochsenfurt, Röttingen, Scheinfeld, Sulzfeld, Sulzheim und Volkach. – Markierte Radwanderwege.

Reisezeit

Fränkisches Weinland, Steigerwald und Haßberge sind mit dem rebenbekränzten Maintal und weiten Waldungen ein beliebtes Reiseziel. Im *April* und *Mai* stehen die Obstgärten am Main, Tauber, Wern und Fränkischer Saale in voller Blüte. Hauptreisezeit ist *Juni* bis *September.* Im *September/Oktober* rüstet man sich zu Weinlese und Winzerfesten.

Reitgelegenheit

bieten im *Fränkischen Weinland:* Arnstein, Bad Mergentheim, Biebelried, Dettelbach, Hammelburg, Iphofen, Kitzingen, Ochsenfurt, Randersacker, Schwarzach, Schweinfurt, Veitshöchheim, Würzburg und Zellingen; im *Steigerwald:* Abtswind, Burgebrach, Burghaslach, Geiselwind, Markt Bibart, Prichsenstadt, Sand am Main, Scheinfeld und Sulzheim; in den *Haßbergen:* Ebern, Haßfurt, Hofheim, Neuses, Rentweinsdorf und Sulzfeld.

Schiffsverkehr

In den Sommermonaten findet eine *7-Tage-Main-Fahrt* der Fränkischen Personenschiffahrt, Kranenkai 1, 8700 Würzburg, Tel. (09 31) 5 17 22, auf der 325 km langen Strecke zwischen *Aschaffenburg* und *Bamberg* statt.

Im Sommer gibt es auch mehrmals täglich Schiffsverbindungen zwischen *Würzburg* und *Veitshöchheim.* Abfahrt am Alten Kranen. Vor allem in der Hochsaison werden Sonderfahrten auf dem Main veranstaltet. Auskünfte erteilt die Würzburger Personenschiffahrt, Am Dicken Turm 3, 8700 Würzburg, Tel. (09 31) 4 27 33. – Auch von *Miltenberg, Wertheim* und anderen Orten aus werden Main-Ausflugsfahrten unternommen.

Straßen

In Würzburg kreuzen sich als wichtige Nord-Süd- und West-Ost-Verbindungen die Autobahnen *A7* Hamburg – Hannover – Kassel – Würzburg – Rothenburg ob der Tauber und *A3* Frankfurt – Würzburg – Nürnberg.

Die *B469* berührt das Maintal zwischen Aschaffenburg und Miltenberg, die *B26* und *B27* zwischen Gemünden, Karlstadt und Würzburg, die *B13* zwischen Würzburg und Ochsenfurt, die *B26* zwischen Schweinfurt und Bamberg. Die Weinhänge des Maintals von Miltenberg bis Wertheim begleitet die aus dem Odenwald kommende *Nibelungenstraße*. Über die *Bocksbeutelstraße* wird auf S. 17 berichtet, über die Touristenstraße *Durch das Weinland der Franken fahren* auf S. 42.

Den Steigerwald quert die *B22* von Würzburg nach Bamberg. Von Nord nach Süd wird dieses weite Waldgebiet durch die *Steigerwald-Höhenstraße* erschlossen. Durch die Haßberge führt die *B279* von Bamberg nach Bad Neustadt.

Tennisplätze

befinden sich im *Fränkischen Weinland* in: Arnstein, Bad Mergentheim, Dettelbach, Eibelstadt, Frickenhausen, Gemünden, Gerolzhofen, Hammelburg, Höchberg, Iphofen, Karlstadt, Kitzingen, Marktbreit, Marktheidenfeld, Ochsenfurt, Röttingen, Schwarzach, Schweinfurt, Sommerach, Sommerhausen, Thüngersheim, Veitshöchheim, Volkach, Werneck, Wertheim, Würzburg und Zellingen; im *Steigerwald* in: Burgebrach, Burghaslach, Ebersbach, Eltmann, Geiselwind, Knetzgau, Markt Bibart, Rauhenebrach, Sand am Main, Scheinfeld, Schlüsselfeld und Sulzheim; in den *Haßbergen* in: Ebern, Haßfurt, Hofheim, Hohnhausen und Königsberg.

Unterkunft

In diesem Reiseführer sind die *Hotels* und *Gasthöfe* in drei Gruppen eingeteilt: ⌂⌂⌂ = erstklassiges Haus, ⌂⌂ = gutes Haus (Gasthof), ⌂ = einfaches Gasthaus. Die Preise (nur Richtpreise) belaufen sich für die Übernachtung mit Frühstück bei: ⌂⌂⌂ etwa von 45 bis 125 DM, ⌂⌂ etwa von 20 bis 50 DM, ⌂ etwa von 15 bis 25 DM. Vor allem Steigerwald und Haßberge bieten preisgünstige Privatpensionen.

Steigender Beliebtheit, vor allem bei Familien mit Kindern, erfreuen sich in den noch stark ländlich ausgerichteten Ferienorten von Steigerwald und Haßbergen *Ferien auf dem Bauernhof*. Auch die Kreise Main-Spessart und Ochsenfurter Gau und der Bereich um Iphofen bieten Bauernhof- und Winzerhof-Quartiere z. T. Ferienwohnungen).

Informationen über Hotels, Gasthöfe, Ferienwohnungen, Jugendherbergen und Campingplätze geben die vom Fremdenverkehrsverband Franken herausgegebenen Unterkunftsverzeichnisse ,,Fränkisches Weinland", ,,Steigerwald", ,,Haßberge", ,,Spessart-Mainischer Odenwald" und ,,Rhön".

Wanderwege

Der *Maintal-Höhenweg* (Markierung R) erschließt das Mainviereck von Aschaffenburg über Miltenberg, Wertheim und Lohr nach Gemünden. Der *Mainwanderweg* (Markierung M) folgt dem Main von der Quelle des Weißen Main am Ochsenkopf im Fichtelgebirge bis zur Mündung in den Rhein.

Den 128 000 ha großen Naturpark Steigerwald erschließen 1500 km markierte Wanderwege. Beim *Fremdenverkehrsverband Franken e. V.*, Postfach 269, 8500 Nürnberg 81, Tel. (09 11) 26 42 02 und 26 42 04, erhält man den Prospekt ,,28 Wandertips in Frankens gemütlicher Ecke – Naturparks Steigerwald, Frankenhöhe".

Hauptwanderwege in dem 68 000 ha großen Naturpark Haßberge sind der auf dem Hauptkamm entlangführende *Rennweg* (Markierung R; Sulzbach – Nassauer Höhe – Schwedenschanze – Schloß Bettenburg – Köslau – Dörfleins/Hallstadt, 50 km), *Burgen- und Schlösserweg* (Markierung zinnengekrönter Turm), *Friedrich-Rückert-Weg* (Markierung Scherenschnitt-Porträt des Dichters) und *Amtsbotenweg* (Markierung blauer behelmter Kopf).

Weinseminare

Fünf Tage dauern die mehrmals jährlich stattfindenden *Würzburger Weinseminare*, die unter dem Motto ,,Genießen und informieren" stehen. Schon seit über zehn Jahren bestehen die Weinseminare im malerischen *Volkach* an der Mainschleife.

Auskünfte erteilt die Gebietsweinwerbung *Frankenwein-Frankenland e. V.*, im Juliusspital, Postfach 58 48, 8700 Würzburg, Tel. (09 31) 1 20 93.

**Würzburg

Würzburg (182 m; 124 000 Einwohner), Hauptstadt des Regierungsbezirkes Unterfranken, Mittelpunkt eines fruchtbaren Gebietes zwischen Steigerwald, Rhön und Spessart, breitet sich in einem weiten Maintalkessel aus, in der Hauptsache auf der rechten Flußseite. „In der Tiefe liegt die Stadt wie in der Mitte eines Amphitheaters", so beschreibt der Dichter Heinrich von Kleist im Jahre 1800 die Mainstadt vom Steinberg aus. An drei Flanken wird sie von Reben umgeben, die auf mächtigen Muschelkalkfelsen stehen und bevorzugte Weine bringen. Die Festung Marienberg sowie das Käppele und in der Stadtmitte die Residenz der früheren Fürstbischöfe bilden unverwechselbare Wahrzeichen. Durch ihren Museums- und Kirchenreichtum besitzt die Universitätsstadt Würzburg auch in der Kunst einen klangvollen Namen. Sie ist unter die zehn schönsten deutschen Städte eingereiht. Die Zahl der Fremdenübernachtungen lag 1987 bei 547 000, darunter 19,9% ausländische Gäste. Durch sorgfältigen Wiederaufbau nach der totalen Zerstörung der Innenstadt mit Brandbomben im März 1945, kurz vor Kriegsende, hat Würzburg seine alte historische Schönheit wieder erlangt. Die Stadt ist mit der Ehrenfahne des Europarates ausgezeichnet, mit dem Europapreis und dem Titel „Europastadt".

GESCHICHTE

Die wechselvolle Geschichte Würzburgs beginnt bereits im Jahre 1000 v. Chr. Damals stand auf dem heutigen Festungs- oder Marienberg eine keltische Fliehburg, die ein halbes Jahrtausend später schon Fürstensitz ist. Zu Füßen des Berges entsteht ein Fischerdorf. Um 100 v. Chr. bemächtigen sich die Germanen des Landes. 300 Jahre später wird der Ort als Uburzis, Stadt der Alemannen, und 650 n. Chr. als fränkischer Herzogsitz erwähnt.

Das Martyrium der irischen Missionare Kilian, Kolonat und Totnan leitet 689 die Christianisierung ein. 704 wird das Castellum Virteburg erstmals urkundlich genannt, 706 die erste Kirche auf dem Marienberg geweiht und 742 durch den hl. Bonifatius das Bistum mit dem hl. Burkard als erstem Bischof gegründet. Die Weihe des ersten Dombaues erfolgt 788 in Gegenwart Karls des Großen. 855 brennt der Dom nieder, bald darauf wird mit dem Neubau begonnen.

Mit der Verleihung des Zoll-, Münz- und Marktrechtes geht die Stadt des Königs im Jahre 1030 in die Herrschaft des Bischofs über. 1133 wird die erste steinerne Brücke über den Main geschlagen. Kaiser Friedrich Barbarossa feiert 1156 in Würzburg Hochzeit mit Beatrix von Burgund – es ist seine zweite Eheschließung. 1168 bestätigt er auf dem Reichstag zu Würzburg dem Bischof die fränkische Herzogwürde. 1201 wird zum Gründungsjahr der Würzburger Festung auf dem Marienberg. 1230 begräbt man Walther von der Vogelweide im Lusamgärtlein am Neumünster. Bischof Lobdeburg verlegt 1253 seine Residenz aus der Stadt in die Burg auf dem Marienberg.

Von einem gewählten Stadtrat und Bürgermeister in Würzburg berichten die Geschichtsbücher seit 1256. Die Stadt hat 35 000 Einwohner. 1287 wird im Dom ein deutsches Nationalkonsil abgehalten. Die Stadt kauft 1316 den Grafeneckart-Bau als Rathaus. Die Stiftung des Bürgerspitals wird 1319 ins Leben gerufen. König Wenzel der Faule verspricht der Stadt 1397 die Reichsfreiheit, widerruft aber kurz darauf. Drei Jahre später erleidet die Bürgerschaft gegen das bischöfliche Heer bei Bergtheim eine vernichtende Niederlage. Die 1402 gegründete erste Universität besteht nur bis 1413. Tilman Riemenschneider kommt 1483 aus dem Harz nach Würzburg. Der Steinbildhauer und Bildschnitzer gelangt schnell zu hohem Ansehen, wird Ratsherr und Bürgermeister, steht während der Bauernkriege gegen den Bischof und wird 1525 gefangengesetzt. Er stirbt 1531 in Freiheit, doch an Schaffenskraft gebrochen.

Fürstbischof Julius Echter von Mespelbrunn gründet 1576 das Juliusspital und 1582 die Julius-Universität, die Alma Julia. Von 1631–1634 besetzen die Schweden die Stadt und die Burg. 1711 kommt Balthasar Neumann als Geschützgießergeselle nach Würzburg, im darauf folgenden Jahr ist Kaiser Karl VI. zu Gast. Ab 1719 residieren die Fürstbischöfe wieder in der Stadt. Unter Fürstbischof Joh. Ph. Franz von Schönborn (1729–1746) plant und beginnt Balthasar Neumann den Bau der Residenz. Friedrich Karl von Schönborn, Hauptbauherr der Residenz, beschert Würzburg eine hohe Blütezeit. 1745 besucht Maria Theresia die Stadt. 1748 beginnt Neumann mit der Bauplanung der Wallfahrtskirche „Käppele"; er stirbt 1753 und wird in der Marienkapelle beigesetzt. 1796 siegt Erzherzog Karl von Österreich in der Schlacht bei Würzburg über die französischen Truppen unter Jourdan.

1802 wird das Hochstift Würzburg aufgelöst (Säkularisation, Reichsdeputationshauptschluß von 1803). Bis 1805 ist Würzburg kurbayerisch, von 1805−1814 Großherzogtum unter Ferdinand von Toskana, ehe 1814 die endgültige Eingliederung nach Bayern erfolgt. König Ludwig I. residiert von 1815−1825 als Kronprinz in Würzburg. Richard Wagner ist als Chordirektor am Theater tätig (1833). Die Dampfschiffahrt auf dem Main wird ins Leben gerufen (1841), Würzburg an das Eisenbahnnetz angeschlossen (1854). Die Stadt hat jetzt 33 000 Einwohner.

Im Preußisch-Österreichischen Krieg (1866) wird die Festung noch einmal beschossen. Man beginnt den Befestigungsring zu schleifen und einen Ringpark (Glacis) anzulegen. 1888 wird die Luitpoldbrücke (heute Friedensbrücke), 1895

die Löwenbrücke gebaut. Im gleichen Jahr entdeckt Wilhelm Conrad Röntgen in Würzburg die nach ihm benannten Strahlen. Am Sanderring entsteht eine neue Universität. Die Stadt wächst jetzt schnell, um die Jahrhundertwende zählt man 75 000 Einwohner. Die neuen Universitätskliniken bedeuten medizinisch einen großen Fortschritt für die Stadt.

Der Zweite Weltkrieg mit seinen bitteren Folgen für Würzburg und seine Bewohner stoppt jede Weiterentwicklung. Nur etwa 6000 Bürger wohnen noch in den Außenbezirken. Niemand glaubt an einen Wiederaufbau des „Grabes am Main". Doch dann geht es mit der großen Bereitschaft der Bürger an den Wiederaufbau. 1956 hat die Stadt wieder 100 000 Einwohner.

SEHENSWÜRDIGKEITEN

Würzburg bietet eine Fülle von Sehenswürdigkeiten. Die wichtigsten sind auf dem folgenden Stadtrundgang leicht zu Fuß erreichbar. Wem der Anstieg zur Fe-

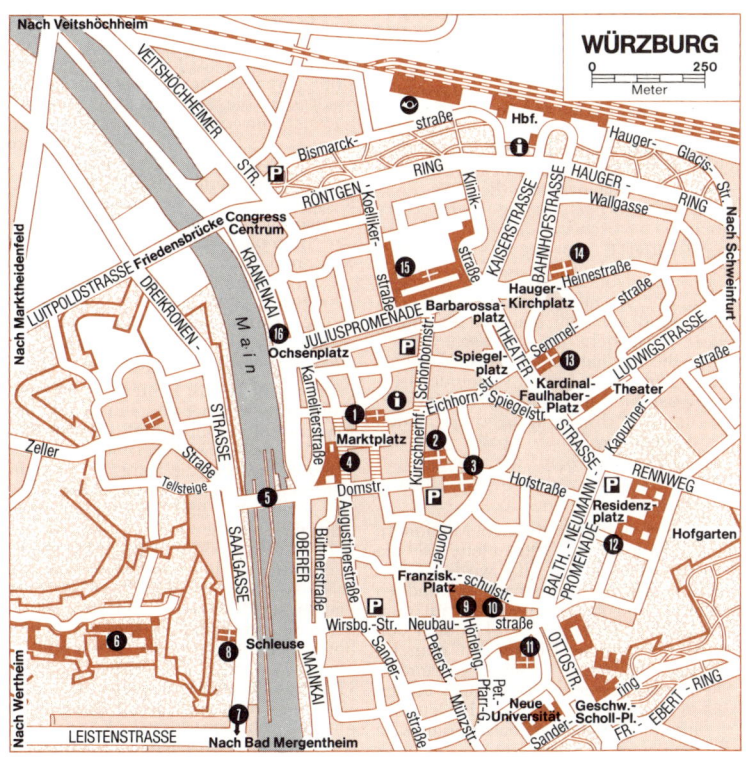

stung Marienberg (340 m; 20 Min.) zu beschwerlich ist, kann mit dem Bus fahren. Jenseits der Mainbrücke, vom sogenannten Spitäle aus, verkehren von Ende April bis Mitte Oktober halbstündlich, jeweils zur 13. und 43. Minute, städtische Busse zum Festungsberg hinauf.

Ausgangspunkt unseres Rundganges ist der im Stadtzentrum gelegene, belebte *Obere Markt.* Hier steht das *Haus zum Falken* (1752) mit seiner reichen Stuckverzierung. Dort sind das Kulturamt, die Stadtbücherei sowie die Willkommstube des Fremdenverkehrsamtes (s. S. 27) untergebracht, wo der Gast alle wichtigen Auskünfte erhält. Gleich daneben erhebt sich die

*Marienkapelle [1], eine spätgotische Hallenkirche der Bürgerschaft, begonnen 1377, mit dem Turmbau um 1481 vollendet. Das Marktportal schmücken seit 1975 Kopien der Figuren Adam und Eva von Riemenschneider (die Originale befinden sich im Mainfränkischen Museum). Besonders in den Bogenfeldern der Eingänge fällt die reiche figürliche Bauzier auf. Die Innenausstattung entstand nach dem Kriegsbrand neu. Bedeutend sind die *Schöne Madonna* (um 1440) und zwei Reliefs aus der Zeit um 1400. Die Glasgemälde (1961) schuf W. Braun aus München. Zahlreich sind die Grabmale fränkischer Ritter und Würzburger Bürger, darunter das **Grabmal des Ritters Konrad von Schaumberg* († 1499) von Tilman Riemenschneider. Am 3. Pfeiler des Mittelschiffs, beim Marktportal, befindet sich das *Grab Balthasar Neumanns*, des Barockarchitekten und Residenzerbauers.

Die Hauptachse der Fußgängerzone überquerend, kommt man zur Kirche

Neumünster [2], einer romanischen Basilika des 11. Jahrhunderts; Chor und schmuckvoller Turm aus dem 13. Jahrhundert. Die aufwendige Barockfassade (1710–1716) des mächtigen Kuppelbaus wurde restauriert, da der rote Sandstein abbröckelte. Reich ist die Innenausstattung mit dem *Grabstein des Abts Trithemius* und einer **Riemenschneider-Madonna.* Bedeutsam auch die vier Tafelbilder eines Altars von 1514. Im *Lusamgärtchen* (Zugang nördlich vom Chor der Neumünsterkirche) findet man die *Grabstätte Walthers von der Vogelweide.* Der Kreuzgangsflügel (um 1170) ist eine Schöpfung der Stauferzeit in Würzburg. Der südlich an das Neumünster angrenzende

Grafeneckart und Dom St. Kilian

*Dom [3] ist ein Hauptwerk der deutschen Baukunst des 11./12. Jahrhunderts, die viertgrößte romanische Kirche Deutschlands. Er wurde um 1040 begonnen, die Osttürme entstanden 1237. Der Innenraum wurde 1701–1704 durch P. Magno im reichsten Hochbarock stukkiert. 1945 brannte er aus, 1946 stürzte das Langhaus ein. Die Weihe nach dem Wiederaufbau erfolgte im Mai 1967. Im Querhaus und Chor sind barocke Stuckdekorationen erhalten. Die Flachdecke des Langhauses bemalte F. Nagel. Altar und modernes Sakramentshaus schuf 1966–1967 A. Schilling. Die stattliche Reihe der Bischofsgrabmäler beginnt mit Gottfried von Spitzenberg († 1190). Unter den teils hervorragenden Werken sind besonders die **Grabmäler von Rudolf von Scherenberg* († 1495) und *Lorenz von Bibra* († 1529) als Werke Riemenschneiders bemerkenswert. Die neuen Portale (1966/67) schufen fränkische Bildhauer, die Orgel (1968) Klais (Bonn). Sie ist eine der größten Orgeln Deutschlands. Die *Schönbornkapelle* am nördlichen Querschiff, Grablege von Fürstbischöfen aus dem Haus Schönborn, ist eine bedeutende Schöpfung Balthasar Neumanns. An der Südseite des Domes befinden sich der gotische Kreuzgang und die Sepultur mit modernen Glasgemälden von G. Meistermann. – Vom Dom sind es nur knapp 200 m zum

Grafeneckart/Rathaus [4], einem Gebäudekomplex aus romanischem Geschlechterturm „Grafeneckart" (benannt nach dem Burggrafen; 1212) mit spätmittelalterlichen Umbauten (u. a. Wenzel-saal für städtische Empfänge; darunter der „Ratskeller"), dem angebauten Ro-ten Bau (1659), dem im 19. Jahrhundert einbezogenen barocken ehemaligen Kar-melitenkloster (1712) und einem Neure-naissancebau.

Der ursprüngliche Sitz eines bischöfli-chen Beamten wurde schon 1316 von der Stadt als Rathaus erworben. 1982/83 ent-stand ein neuer, der Alten Mainbrücke zugewendeter Verbindungsbau mit dem Ratssaal im 1. Obergeschoß. Vor dem Grafeneckart steht der *Vierröhrenbrun-nen*, eine barocke Schöpfung von L. v. d. Auvera und Peter Wagner. – Nach ein paar Schritten ist man dann schon auf der

Alten Mainbrücke [5], erbaut 1133, zur Zeit des Barocks ursprünglich mit zwölf Heiligenfiguren geziert, neu erbaut 1473–1543. Von der Brücke aus kann man die Schleusenbetrieb auf dem Main beobachten. Sie führt in den linksmaini-schen Teil der Stadt. Von dort aus ge-langt man auf steilem Fußweg oder über die Fahrstraße zur

**Festung Marienberg [6]. In der Hall-stattzeit bestand hier eine Fliehburg. Die um 706 geweihte *Marienkirche* gehört, mit der Altöttinger Gnadenkapelle aus jener Zeit, zu den ältesten Kirchen Deutschlands. Um 1200 nimmt die Burg feste Umrisse an; aus dieser Zeit stam-men der Bergfried und der Sonnenturm an der Südostecke. 1253–1719 ist sie Wohnsitz der Fürstbischöfe. Nach Bau-maßnahmen der Fürstbischöfe Rudolf von Scherenberg und Lorenz von Bibra bestimmte Fürstbischof Julius Echter

Marienkirche auf der Festung Marienberg

entscheidend das heutige Bild der Fe-stung. Er baute 1578 den Ostteil des Süd-flügels, ab 1600 den Nordflügel, dann den Marienturm und die Vorburg. Er al-so hat aus der Festung ein Schloß ge-macht, das bis ins 18. Jahrhundert als bi-schöfliche Residenz diente.

Der bayerische Staat renovierte nach er-heblicher Zerstörung von 1960 an Schritt um Schritt die gesamte Burganlage. Zu-letzt wurden die von der Stadt verwalte-ten „Hofstuben" (Tagungsräume für 400 Personen) und die vom Staat verpachtete Burggaststätte hergerichtet, mit der Orangerie (120 Sitzplätze), der Scheren-burg-Hofstube (260 Plätze) und der Turmklause (32 Plätze) eine ideale Ta-gungsstätte, auch als Ausflugsort beliebt.

Festung Marienberg: Burgbesichtigung mit Marienkirche, Bergfried, Brunnen-haus, Echterzimmer, Wehrgang, Fürsten-garten. Öffnungszeiten wie Residenz.

Das **Mainfränkische Museum* im westli-chen Bauteil der Festung, dem barocken Zeughaus (erbaut 1702–1712), schon 1947 eröffnet und inzwischen immer wie-der bereichert, bewahrt eine der kostbar-sten Sammlungen Bayerns in klassischer und volkstümlicher Kunst und Kultur. Die bunte Welt der fränkischen Trach-ten, die bemalten Bauernschränke und die Wohnstuben samt der Rokoko-Apo-theke sind Zeugnisse aus der Vergangen-heit dieses bäuerlichen Landstriches. Kern des Museums war und ist die große Sammlung von ***Werken Tilman Rie-menschneiders*, seiner Werkstatt und Schule, eingebettet in den Rahmen goti-scher Plastik aus Würzburg und Franken. Daneben, ebenfalls aus der Bildhauerei, das Barock und Rokoko der Familie Au-vera, von Ferdinand Tietz und Peter Wagner. Nicht zu vergessen die große *Kelterhalle* mit Weinpressen aus sieben Jahrhunderten. Hier findet alljährlich im Frühherbst die Fränkische Weinprämie-rung statt. Die Kelterhalle mit der Sammlung alter Zunftfahnen und Trink-gefäße ist mit dem Deutschen Weinkul-turpreis ausgezeichnet. Das Museum ist geöffnet von April bis Oktober täglich 10–17 Uhr, November bis März 10–16 Uhr.

Vor der Festung Marienberg herüber zum Nikolausberg ist es zwar in der Luft-linie nur ein kurzer Sprung, doch sind auf dem Wege dorthin der Leistengrund zu überwinden und die Treppen des Lei-densweges Christi mit lebensgroßen Fi-guren Peter Wagners (1767–1775) zu er-steigen, ehe man schließlich zum

*Käppele [7] hinaufkommt, dem fränkischen Marienwallfahrtsort, der heute von Kapuzinern betreut wird. Die Wallfahrtskirche, erbaut von Balthasar Neumann (1748–1750), zeigt eine schöne Raumgliederung und eindrucksvolle Ausstattung. Die Stukkaturen stammen von Feuchtmayer, die Fresken von Matthäus Günther. Im Mirakelgang sind zahlreiche alte Votivgaben, darunter schöne Wachsarbeiten, zu sehen.

Nun geht es wieder hinab zur Stadt, an den Fuß des Marienberges. Dort steht im sogenannten Mainviertel die Kirche

*St. Burkard [8], eine romanische Basilika, im Jahr 1042 geweiht. Das spätgotische Querhaus und der Chor gehen auf das Jahr 1493 zurück. Bemerkenswert ist die Ausstattung: u. a. frühgotisches Figurenkapitell (Opferstock), spätgotische Marienfigur, Kreuzigungsrelief des 14. Jahrhunderts, Madonnenbüste von Riemenschneider und eine schöne Barockaltäre aus der Auvera-Werkstatt. – Gleich weit ist nun der Weg über die Ludwigs- oder die Alte Mainbrücke, am Franziskanerkloster vorbei, zur

Neubaukirche [9]. Fürstbischof Julius Echter, Begründer der Universität und um die religiöse Erziehung seiner Studenten besorgt, ließ an die Südflanke des Gebäudevierecks der heutigen Alten Universität eine Studienkirche, die Neubaukirche, erbauen, und zwar in den Jahren 1586–1591. Der aus Frankreich stammende, in mainzischen Diensten stehende Baumeister Georg Robin fertigte die Pläne. Entsprechend dem Testament ließ Julius Echter sein Herz in dieser Kirche beisetzen.

Wallfahrtskirche Käppele

Sein Nachfolger Philipp Adolf von Ehrenberg hatte bereits viel auszubessern an dem Kirchenbau. 1696 wurde unter Antonio Petrini der Bau gründlich restauriert, der prächtige Turm auf eine Höhe von 79 m gebracht und später durch ein Observatorium genutzt. Nach der Profanierung 1804 ruhte der tägliche Gottesdienst bis 1851. Bei einer neuerlichen Renovierung noch vor der Jahrhundertwende wurden die Altäre weggegeben. Im Staats- bzw. Universitätsbesitz ist die Neubaukirche, einer der bedeutendsten Kirchenbauten der deutschen Renaissance, inzwischen wieder aufgebaut, der Turm in die alte schöne Form gebracht. Seit der Fertigstellung dient der Innenraum, durch gotische Maßwerkfenster über dem Portal und an den Seitenfronten erhellt, vor allem der Universität als Kongreß- und Konzertsaal. Gleich im Anschluß läßt sich der Gebäudekomplex der

Alten Universität [10] besichtigen, der ebenfalls aus der Renaissancezeit stammt und nach der Universitätsgründung (1582) von Georg Robin entworfen und erbaut wurde. Um einen großen Hof ließ Robin ein Gebäudekarree anlegen und schmückte die dreistöckigen Fassaden im Geschmack jener Zeit aus. Über dem Eingangstor befindet sich ein großes Relief, von Steinmetzmeister Wolf Behringer gearbeitet, das die Aussendung des Heiligen Geistes darstellt, davor der kniende Bischof in Pontifikalgewändern. In den Zwickeln des Bogens lehnen die Gestalten der Weisheit und des Fleißes. – Östlich angebaut sind das *Priesterseminar* mit schmuckreicher Fassade von Joseph Greising (1715–1719) sowie die frühklassizistische *Michaelskirche* von Ph. Geigel und J. Michael Fischer. – Ganz in der Nähe – der Weg führt am *Rudolf-Alexander-Schröder-Haus* vorbei – steht die evangelische Kirche

*St. Stephan [11]. Sie wurde bei der Gründung eines Stifts für Weltgeistliche erstmals 1013–1015 von dem damaligen Würzburger Bischof Heinrich I. erbaut. Mit unterfränkischem Grundbesitz ausgestattet, als umfriedeter Bereich vor den Mauern der Stadt, wurde das Kollektivstift bereits 1057 in ein Benediktinerkloster umgewandelt. 1108 erhielt das Kloster Reliquien des hl. Stephan und nahm daraufhin dessen Namen an. Trotz aller Wirren überstand die Abtei die Reformation und den Dreißigjährigen Krieg. Durch nachhaltiges Einwirken Julius Echters blieb St. Stephan katholisch. 1788/89 wurde die Kirche von J. Ph. Geigel als frühklassizistischer Saalbau mit prächtiger Ausstattung neu errichtet. Vom Vorgängerbau blieb die Krypta des 11. Jahrhunderts erhalten. Bei der Säkularisation 1803 wurde das Stephanskloster aufgehoben, die Mönche verschwanden. Die verkündete Religionsfreiheit machte es möglich, die leerstehende Kirche St. Stephan den Würzburger Protestanten zu überlassen. Seit 1828 ist St. Stephan auch Dekanatskirche. Bei dem Bombenangriff im März 1945 wurden Kirche und alle ihre Kunstwerke zerstört. Der Neuaufbau erfolgte 1949−1952 unter Dipl.-Ing. Otto Leitolf.

Von der Ausstattung der früheren Kirche ist nur noch das Bild von der *Geißelung Christi*, von Oswald Onghers aus Mecheln im 17. Jahrhundert gemalt, vorhanden. Das beherrschende Werk in St. Stephan ist heute die überlebensgroße *Kreuzigungsgruppe* im Chor mit Maria und Johannes. Helmut Amman (München) hat die Gruppe aus Eichenholz gehauen. Von ihm stammt auch das Buntglasfenster hinter dem Altar der Krypta. Wunderschön ist die *Michaelskapelle*, angebaut an das linke Querschiff. – Nun geht es, entweder das kurze Stück entlang der *Balthasar-Neumann-Promenade* oder, nach Überquerung der Straße, durch den *Hofgarten* zur berühmten Würzburger

Mittelbau der Residenz, Hofgartenseite

Residenz [12], einem Hauptwerk des süddeutschen Barock, einem der bedeutendsten Schlösser des Kontinents, von Napoléon I. „schönster Pfarrhof Europas" genannt. Die Bauzeit erstreckte sich von 1719−1744. Balthasar Neumann schuf die Pläne, er hatte auch die Bauaufsicht. In den Trümmern des Bombenangriffs im März 1945 blieben einigermaßen erhalten: das großartige **Treppenhaus** Balthasar Neumanns mit freitragendem Gewölbe und dem großen *Deckengemälde* Tiepolos, der *Weiße Saal* mit reicher Stuckverzierung von Antonio Bossi, der **Kaisersaal** mit prächtiger Ausstattung und weiteren Fresken des Venezianers Tiepolo, der *Gartensaal* mit Deckengemälde von Johannes Zick. In zwei Jahrzehnten des Wiederaufbaues und der Restaurierung sind mit staatlichen Mitteln inzwischen wieder hergestellt: die kriegszerstörten *Paradezimmer*, der Nord- und Südflügel mit dem einzigartigen *Spiegelkabinett*, die sogenannten *Ingelheimzimmer* und der *Fürstensaal*. Fotos und genaue Detailbeschreibungen, farbige Bilder sowie die zwar schwerbeschädigten, aber doch erhaltenen Reste der Wanddekorationen ermöglichten eine genaue Nachbildung.

Als Fürstbischof Johann Philipp Franz von Schönborn 1719 seinen Hofarchitekten Balthasar Neumann in der Zeit glänzender europäischer Kunstentfaltung mit dem Bau der Residenz beauftragte, kam es dem baufreudigen Herrscher darauf an, möglichst alle bekannten Schlösser an Größe und Pracht zu übertreffen. Die aus dem Westerwald stammende Grafenfamilie der Schönborns (sie beherrschte im Rhein- und Maingebiet über drei Generationen die wichtigsten geistlichen Sitze), auch der später nachfolgende Friedrich Carl von Schönborn, gewannen neben ihrem kirchlichen Einfluß auch Macht in der großen Politik, die in der Würzburger Residenz zum Ausdruck kommen sollte. Balthasar Neumann, der sich nach dem ersten Bauabschnitt in Paris beraten ließ, war für die Ausführung solcher Pläne der geniale Baumeister. Ganz das persönliche Werk Neumanns sind die Architektur des Kaisersaales und des Treppenhauses, zudem noch die *Hofkirche*, ein architektonisch prächtiger Rokokoraum im Südflügel mit zwei Altargemälden von Tiepolo. Der spätere Hofbaumeister Johann Philipp Geigel stellte dem seitlich der Residenz stehenden Rosenbach-Palais den Gesandtenbau gegenüber. Ihn nehmen heute die *Hofkeller-Weinstuben* in Anspruch. Im Rosenbach-Palais hat die Leitung der Bayerischen Landesanstalt für Weinbau und Gartenbau mit einer Weinverkaufsstelle ihren Sitz. In den Kellern unter der Residenz werden die Weine der Bayerischen Landesanstalt zwischen meterdicken Mauern ausgebaut und gelagert.

Besichtigung von Gartensaal, Treppenhaus, Weißem Saal, Kaisersaal, Kaiserzimmer, Gemäldegalerie, Fürstensaal,

Seinsheim-Zimmer, Hofkirche täglich (außer montags) im Sommerhalbjahr von 9–17 Uhr, 1. Oktober bis 31. März 10–16 Uhr.

In der Residenz untergebracht sind auch das *Martin-von-Wagner-Museum* der Universität mit seiner reichen Antikensammlung und das Bayerische Staatsarchiv.

Vor der Residenz steht der *Franconia-Brunnen*. Zu Füßen der Patronin, die das Würzburger Rennfähnlein hält, Walther von der Vogelweide (im Lusamgärtchen am Neumünster begraben), Matthias Grünewald (in Würzburg geboren) und Tilman Riemenschneider, der Würzburger Bildhauer und Holzschnitzer. – Am neuen Würzburger *Theater* vorbei, ist nach 300 m das

Bürgerspital erreicht, ein Pfründe- und Altenheim, zu dem seit 1975 ein modernes Wohnheim mit Pflegeabteilung in der Sanderau gehört. Insgesamt werden von der Stiftung nunmehr 290 alte Würzburger Bürger betreut und gepflegt. Aufgrund jahrhundertealter Überlieferung erhält jeder Pfründner im Altenheim des Bürgerspitals zur täglichen Kost einen Schoppen (0,25 l) Wein gratis. Nach alter Vorschrift ist die Aufnahme in das Alters- und Pfründnerheim nur gebürtigen Würzburgern vorbehalten.

Die von der Stadt verwaltete Stiftung Bürgerspital stützt sich wirtschaftlich auf einen ansehnlichen Weinbergsbesitz mit etwa 130 ha Ertragsrebfläche (s. auch ,,Kleine Weinkunde"). Der Wein spielte bei der Stiftung von Anfang an eine Rolle. 1319 stellte der reiche Würzburger Bürger Johannes von Steren ein Haus zur Pflege von Kranken und Siechen zur Verfügung und gab wenig später 13 Morgen Weinberge dazu. 1340 ließen die Brüder Rüdiger und Wölflein Teufel der Stiftung großen Grundbesitz zukommen. Damit war die materielle Grundlage vorhanden.

Viele Generationen Würzburger Bürger haben die heute bald 700 Jahre alte Gründung gewahrt und gemehrt und sie zu einer der größten, auf eigenen Füßen stehenden Stiftungen in Deutschland gemacht. Ihr Name ,,Bürgerspital zum Heiligen Geist" geht vermutlich auf den Stifter zurück, der bei einer Wallfahrt nach Rom von der caritativen Hilfe des dortigen Heiligengeistordens und dem Gelöbnis seiner Novizen, ,,dem Heiligen Geist und den Kranken alle Tage ihres Lebens zu dienen", besonders beeindruckt war. Die Heilig-Geist-Taube gehört zum Wappen des Bürgerspitals.

Das Wohnhaus des mittelalterlichen Spitalbaues, Wirtschaftshof und Kirche vereinigen sich zu einem geschlossenen Ganzen mit vielseitiger architektonischer Gestaltung. Im Hof imponiert der sogenannte Greising-Bau mit seiner malerischen Arkadenfolge. Die durch einen Dachreiter betonte *Kapelle* von 1371 dürfte das einzige Bauwerk des Spitalkomplexes sein, das aus dem Jahrhundert der Gründung, wenn auch verändert, erhalten ist (Glockenspiel an der Fassade um 11, 13, 15 und 17 Uhr). 1571 und 1582 wurden Kirche und Pfründnerhaus, von Kriegswirren und Bränden zerstört, neu gebaut. Weitere Veränderungen des Komplexes gab es 1718 und, an der Straßenseite des langgestreckten Hauses, auch 1841/42. Die durch den Bombenangriff im März 1945 niedergebrannten Spitalbauten entstanden, den Erfordernissen unserer Zeit angepaßt, in der alten Form in den ersten Nachkriegsjahren wieder. Gerettet wurden Madonnen und andere Kunstwerke, so die anmutige Barbara-Figur aus der Riemenschneider-Werkstatt, Auveras Bild von den Hirten an der Krippe und die schöne Steinfigur des Johannes d. T. Von hohem Wert sind auch die Grab- und Gedenksteine in der Spitalkirche.

Im Juni 1969 feierte die Stiftung Bürgerspital ihr 650jähriges Bestehen. Höhepunkt war eine Jubiläumsweinprobe mit 30 Weinen, die zum Teil aus der Schatzkammer kamen. Im Sommer 1983 wurden die Keller wesentlich erweitert. Die *Bürgerspital-Weinstuben*, 1978 auf 450 Plätze vergrößert, sind zu jeder Tages- und Abendzeit gut besucht. – Vom Bürgerspital aus, erblickt man jenseits der Semmelstraße schon die Kirche

*Stift Haug [14], erbaut 1670–1691, das bedeutendste Werk des italienischen Architekten Antonio Petrini und der erste große Kirchenbau der Barockzeit in Franken. Die stattliche Doppelturmfassade mit mächtiger Vierungskuppel hebt die Kirche aus dem Stadtbild heraus. Die einst reiche Ausstattung wurde 1945 durch Brand vernichtet. Über dem neuen Choraltar befindet sich die *Kreuzigungsszene* von Tintoretto (1583).

Nur ein kleines Stück Weg über den *Barbarossaplatz* und man steht vor dem

Juliusspital [15], der weltberühmten Stiftung des Julius Echter von Mespelbrunn, 1576 gegründet. Die vierseitige Barockanlage mit der langen, schlichten Straßenfront (1789 von J. Ph. Geigel erbaut), dem Fürstenbau mit der Gartenfront (1699 von A. Petrini), der Rokoko-Apotheke und einer geräumigen Hauskirche ist nach der Kriegszerstörung 1945 in der alten Form wieder aufgebaut worden. Die gesamte Instandsetzung war 1958 vollendet. Der Pavillon im Garten stammt von J. Greising (1714), die barocke Brunnenanlage von J. v. d. Auvera (1706).

Schon Julius Echter (1573 als 28jähriger zum Würzburger Fürstbischof gewählt, er regierte bis zu seinem Tode am 13. September 1617) stattete sein Spital mit solidem Grundbesitz aus. Die Stiftung verfügt heute über 3435 ha Wald, über 1100 ha landwirtschaftliche Güter und nicht zuletzt über 140 ha Weinberge in den besten Lagen Frankens. Ohne Zweifel hat neben der sozialen Leistung über Jahrhunderte auch der Wein das Würzburger Juliusspital so bekannt gemacht. Die *Juliusspital-Weinstuben* sind, wie bei Bürgerspital und Hofkeller auch, von Fremden wie von Einheimischen geschätzt und gern besucht. Die drei Würzburger Weingüter zählen zu den größten in Deutschland, und sie haben sich international einen Namen gemacht. Bei der Krönung der englischen Königin Elisabeth II. wurde eine Riesling-Auslese vom Iphöfer Julius-Berg, Jahrgang 1950, kredenzt.

Die Juliuspromenade entlang zum Main gehend, empfiehlt sich noch eine kurze Besichtigung des

Alten Kranen [16], eines der Wahrzeichen Würzburgs, 1767—1773 nach Plänen von Franz Ignaz Neumann, Sohn von Balthasar Neumann, gebaut. Den Auftrag gab Fürstbischof Seinsheim, der damit den Güterumschlag im Rahmen seiner Handelsverträge mit den Nachbarstaaten heben wollte. Für die Zeitgenossen war die Anlage eine Sehenswürdigkeit, zumal der ganze Innenmechanismus mit den Kranenarmen drehbar eingerichtet ist. Nach den Kriegsfolgen stehen die Nebengebäude des Alten Kranen heute als Ruine da.

An der weiter nördlich gelegenen Friedensbrücke entstand in den letzten Jahren ein modernes *Congress Centrum* (Tagungsräume für 20 bis 2000 Personen), das am 25. November 1985 eröffnet wurde.

PRAKTISCHE HINWEISE

❶ Fremdenverkehrsamt Würzburg-Palais, am Congress Zentrum, Tel. (09 31) 3 73 35. Geöffnet montags bis donnerstags 8—17 Uhr, freitags 8—12 Uhr.

Tourist-Information, Pavillon vor dem Hauptbahnhof, Tel. (09 31) 3 74 36. Geöffnet werktags von 8—20 Uhr.

Willkomm-Stube im Falkenhaus, am Markt, Tel. (09 31) 3 73 98. Geöffnet montags bis freitags 9—15, samstags 9—14 Uhr.

Für Weinfreunde: Gebietsweinwerbung Frankenwein-Frankenland e. V., Geschäftsstelle Juliusspital, 8700 Würzburg, Tel. (09 31) 1 20 93.

Stadtrundfahrten: Von Anfang Mai bis Mitte Oktober werktags 14.30 Uhr, sonn- und feiertags 10.30 Uhr ab Tourist-Information am Hauptbahnhof.

🚄 Frankfurt—Nürnberg; Würzburg — Bamberg — Hof; Würzburg — Ingolstadt — München; Würzburg — Heilbronn — Stuttgart.

🚌 in alle Richtungen.

🚢 Veitshöchheim, Randersacker, Ochsenfurt.

🏨 ,,Maritim'', Pleichertorstr. 5; ,,Rebstock'', Neubaustr. 7; ,,Walfisch'', Am Pleidenturm 5; ,,Amberger'', Ludwigstr. 17; ,,Schloß Steinburg'', Auf dem Steinberg.

🏨 ,,Franziskaner'', Franziskanerplatz 2; ,,Schönleber'', Theaterstr. 5; ,,Stift Haug'', Textorstr. 16; ,,Ruß'', Wolfhartgasse 1; ,,Kilianshof'', Gotengasse 3; ,,Alter Kranen'', Kärrnergasse 11.

⛺ Burkarderstr. 44.

🏊 Würzburg-Estenfeld; Würzburg-Heidingsfeld.

🏊 Würzburgs größtes Freibad liegt am Dallenberg, außerdem Hallenbad-Freibad Zellerau, Hallenbad Sanderau mit Solarium und Mediterraneum, Hallenbad Lindleinsmühle und Hallenschwimmbad (Wolfgang-Adami-Bad) des Schwimmvereins 05 Würzburg.

Weinstuben: ,,Weinhaus zum Stachel'' (seit 1413), Gressengasse 1, ,,Hofkeller-Weinstuben'', im Gesandtenbau der Residenz; ,,Juliusspital-Weinstuben'', Juliuspromenade 19; ,,Bürgerspital-Weinstuben'', Theaterstr. 19.

Veranstaltungen: Mozartfest alljährlich im Juni; Kiliani-Volksfest alljährlich im Juli (in ungeraden Jahren zusätzlich Mainfranken-Messe); Hofweinfest des Bürgerspitals im Juni; Hofgartenfest des Hofkellers im Juli; Würzburger Winzerfest alljährlich Ende September/Anfang Oktober; Würzburger Bachtage alljährlich Ende November.

Schweinfurt

Schweinfurt (202 m; 52 000 Einwohner) ist Hauptsitz der europäischen Wälzlagerfertigung und ebenso führend im Zweirad-Motorenbau. Die Industriestadt mit 44 000 Arbeitsplätzen (ohne Lärm- und Umweltbelastung bei der Produktion) besitzt sieben weiterführende und 18 berufliche Schulen, außerdem eine Fachhochschule für Maschinenbau, Elektrotechnik und Architektur mit dem einzigen Hochspannungslabor in Bayern. Schweinfurt nimmt daher auch als Bildungszentrum über die unterfränkische Region Main-Rhön hinaus eine bedeutende Stellung ein. Das Bayernkolleg unterhält hier eine Schule des zweiten Bildungsweges zur Erreichung der Hochschulreife.

Rathaus

Als Geburtsstadt des Gelehrten und Dichters Friedrich Rückert (1788—1866) vergibt Schweinfurt alljährlich den „Rückert-Preis der Stadt Schweinfurt". An die 1652 in der damaligen Reichsstadt gegründete, heute noch bestehende „Deutsche Akademie der Naturforscher Leopoldina" (Sitz in Halle an der Saale, Mitglieder in aller Welt), benannt nach ihrem Mitbegründer Kaiser Leopold II., erinnert das Schweinfurter Leopoldina-Krankenhaus.

Schweinfurt hat Anschluß an die Autobahnen Würzburg–Nürnberg (Auffahrt Schweinfurt Süd/Wiesentheid) und Würzburg–Fulda (Auffahrt Schweinfurt/Werneck und Schweinfurt/Niederwerrn). Die Stadt ist auch über die Bundesstraßen 26, 26a, 276 und 303, sowie über die Bundesbahnstrecke Würzburg – Schweinfurt – Bamberg zu erreichen. Von Schweinfurt aus verkehren 59 Nahverkehrs-Buslinien. Der Hafen jenseits des Mains in einem neuen Industrieviertel mit Anschluß an die Großschiffahrtsstraße Main – Donau spielt in der Güterbeförderung nach wie vor eine bedeutende Rolle.

GESCHICHTE

Urkunden von Klöstern in Weißenburg im Elsaß und Fulda, die hier Land besaßen, weisen nach, daß die Geschichte von Schweinfurt (suinuurde = Furt durch den Sumpf, Furt durch den Main) um das Jahr 790 begann. Nach Zeiten der Herrschaft des Babenberger, die auf dem Petersberg eine Burg erbauten (diese wurde später als Nonnenkloster vom Hochstift Eichstätt beansprucht), behielt 1002 Kaiser Heinrich II. die Oberhand über rivalisierende Grafen. Nutznießer und Erben wurden die Hochstifte Würzburg und Bamberg. 1263 übergab der Fürstbischof von Würzburg die heruntergekommene Abtei auf dem Peterstirnberge dem Deutschen Orden. Kaiser Friedrich II. und sein Sohn Heinrich förderten die verkehrsgünstig an einer Mainfurt und im Schnittpunkt einiger Straßen gelegene Stadt, sie verliehen ihr Markt- und Münzrecht und das Prädikat Freie Reichsstadt. Aus jener Zeit stammt die heute noch erhaltene Kirche St. Johannis.

Die fränkischen Fehden 1240—1250 zerstörten die junge Reichsstadt. Die aus Thüringen zum Main drängenden Henneberger und das Hochstift Würzburg dürften die Hauptakteure jener kriegerischen Unruhen gewesen sein. Am Ende entstand ein würzburgisch-henneberischer Vertrag. Es folgte eine Zeit, die man später die „kaiserlose, die schreckliche" nannte.

Kaiser Rudolf von Habsburg (1273—1308) sorgte für normale Verhältnisse. Eichstätter Ansprüche zerfielen, Schweinfurt wurde dem Reich zugeteilt. Dieses Reich kam bald in finanzielle Schwierigkeiten, Schweinfurt wurde verpfändet. 1383 lösten sich die Bürger durch erhebliche Opfer selbst aus dieser Pfandschaft. Die Stadt kaufte vom Deutschen Orden die Burg auf dem Peterstirnberge, riß sie ab und befestigte ihr Gebiet. 1554 wurde die Stadt im sogenannten Markgräfler Krieg zerstört. Streitereien der Handwerkerzünfte mit dem Rat dauerten bis zu den durch Luthers Lehre ausgelösten Glaubenskämpfen. Am 10. Oktober 1631 zog Gustav Adolf in Schweinfurt ein.

Auch in den folgenden Epochen kam Schweinfurt nicht zur Ruhe. Als Reichsstadt waren zu allen Kriegen Kontingente von Soldaten zu stellen. Der Friede von Luneville 1801 beendete die Reichsstadt-Zeit. Damals gab es in dem als Weinhandelsstadt bekannten Schweinfurt, wie überall in Franken, ringsum viele Reben.

1840 wurde Schweinfurt bayerisch. Mit dem Bau der Eisenbahnlinien nach Meiningen und Bad Kissingen entstand 1854 der Eisenbahnknotenpunkt Schweinfurt. 1892 begann mit der Gründung des Kanalvereins der Ausbau des Mains zur Großschiffahrtsstraße.

Als Zeichen modernen Wirtschaftsgeistes wurden noch vor der Jahrhundertwende die Fundamente für die drei großen Industrieunternehmen Kugelfischer (1872), Schwedische Kugellagerfabriken SKF (1890), Fichtel & Sachs (1895) gelegt. Mit deren Wirtschaftskraft waren die schweren Zerstörungen von Schweinfurt im Zweiten Weltkrieg in wenigen Jahren überwunden. – Schweinfurt besitzt ein eigenes städtisches Theater.

SEHENSWÜRDIGKEITEN

Die Sehenswürdigkeiten liegen in der Altstadt nahe beieinander. Als erstes zu nennen ist das

*Rathaus [1], ein besonders gelungener profaner Renaissancebau, 1570−1572 von Steinmetzmeister Nikolaus Hofmann aus Halle (Saale) erbaut. Durch den angefügten Neubau (1960 eingeweiht) bildet das Gesamtbauwerk ein mächtiges Geviert mit prächtigem Innenhof, der durch die Freitreppe einen zusätzlichen Akzent erhält. Das alte Rathaus überstand den Dreißigjährigen Krieg und alle späteren Wirren, es blieb sogar im Zweiten Weltkrieg inmitten einer Trümmerwüste stehen. Neben dem Erkerturm, zwischen den Fenstern des zweiten und dritten Stockwerks, erkennt man neben anderem Zierwerk einen Doppeladler mit Wappen Kaiser Maximilians II. (1564−1572); in den Fängen des Adlers steckt das Schweinfurter Stadtwappen (seit 1773). Die Halle des Rathauses dient zu regelmäßigen Kunstausstellungen.

Schmuckstücke sind der Trausaal (früher Sitzungssaal) und der Große Sitzungssaal. Gleich vor der Marktplatzfassade des Rathauses steht zur Erinnerung an

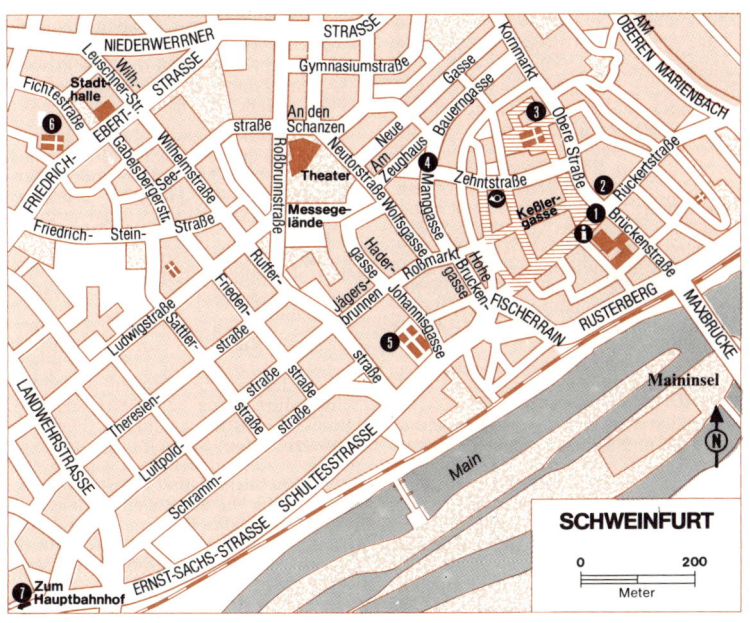

den großen Dichtersohn der Stadt das *Rückert-Denkmal*, nicht weit davon das

Rückert-Geburtshaus [2] mit einer Bronze-Gedenktafel des Stuttgarter Bildhauers Heinrich Scheffer, in einer Nürnberger Erzgießerei gegossen und am 16. Mai 1867 enthüllt. Das Haus ist privat bewohnt (nicht zu verwechseln mit dem neuen Friedrich-Rückert-Bau, in dem Volkshochschule, Kulturverwaltung, Archiv und Bibliothek der Stadt untergebracht sind). Friedrich Rückert, Interpret orientalischer Poesie, mit seinen „Geharnischten Sonetten" Begleiter des vaterländischen Kampfes gegen Napoléon, verbrachte hier seine ersten vier Lebensjahre. Neuses bei Coburg war sein späteres Domizil. 1865, ein Jahr vor seinem Tode, verlieh ihm Schweinfurt das Ehrenbürgerrecht. Am *Martin-Luther-Platz* steht auch, den Altstadtkern überragend, die

*St.-Johannis-Kirche [3], 1325 erstmals urkundlich nachgewiesen. Älteste Bauteile sind das Turmuntergeschoß und das Querhaus (letzteres Übergang Romanik-Gotik). Der südliche Turm wurde nicht vollendet. Das Langhaus ist gotisch, eine dreischiffige Anlage unter großem Satteldach. Ein Kleinod ist die barocke Kanzel mit Evangelisten- und Engelsfiguren. Zahlreich sind die Grabmäler von Adeligen, Reichsfürsten und Stiftern. Eine Besonderheit des Kruzifixes (14. Jh.) zwischen den Chorbögen: Der Heiland trägt echtes Haar. Die Südwand zeigt ein großes Luther-Gemälde von A. P. Stößel (um 1806). Den klassizistischen Schmuck des Hochaltars schuf der Würzburger Hofstukkateur Materno Bossi. – Durch die Zehntstraße gelangt man in westlicher Richtung zum

Zeughaus [4], 1589–1591 erbaut, einst Waffenarsenal und Lagerhaus der Freien Reichsstadt, mit geschwungenem Renaissancegiebel und 1,10 m dicken Mauern, mit Wendeltreppe im Turm. Über längere Epochen war es im Privatbesitz, seit 1940 ist es Eigentum eines Zeitungsverlages. Vom Zeughaus kommt man über *Manggasse* und *Roßmarkt* zur

Heilig-Geist-Kirche [5], ehemals Spitalkirche, gestiftet vor 1371, bereits 1452 erwähnt. 1554 wurde das Gotteshaus bis auf den Chor zerstört. Der Wiederaufbau erfolgte 1566–1570. 1897–1902 wurde die Kirche dann nach Plänen des Würzburger Architekten Anton Leipold neu aufgebaut. Der Turm trägt eine mehrere Meter hohe Marienstatue. In jüngster

Zeit wurde die dreischiffige Basilika in neuromanischem Stil im Innern umgestaltet. 1952 erhielt sie fünf neue farbige Glasfenster (Entwurf Prof. Felix Baumbauer, München), das Wirken des Hl. Geistes von der Erschaffung der Welt bis zur Wiederkunft Christi am Ende der Zeiten darstellend. – Über *Ruffer-* und *Wilhelmstraße* erreicht man die *Friedrich-Ebert-Straße*. Hier steht die

Kirche St. Kilian [6], 1927 im sogenannten „Fränkischen Stil" (neubarock) errichtet, im Zweiten Weltkrieg bis auf die Umfassungsmauern und den Turm zerstört, 1953 nach Plänen des Würzburger Dombaumeisters Hans Schädel neu erbaut. Das Kircheninnere wurde von Würzburger und Schweinfurter Künstlern modern ausgestaltet. Im Apsis-Rundgang befindet sich das größte Kirchenfenster Deutschlands (250 m^2 groß) von Georg Meistermann (Köln). Es stellt Wesen und Wirken des Hl. Geistes dar. – Schließlich muß hier der evangelische Kirchenneubau im größten Schweinfurter Stadtteil *Bergl*, genannt werden,

Auferstehungskirche, erwähnt werden, die Olaf Gulbransson in Zusammenarbeit mit dem Architekten Wilhelm Wirth schuf und die 1959 geweiht wurde. Die Kirche ist als „Zelt Gottes" in Form eines gedrängten Kreuzes gedacht. Altar, Kanzel und Taufstein entstanden nach Plänen Gulbranssons. Im Erdgeschoß sind Gemeinderäume um einen großen Saal gruppiert. Der freistehende Turm (34,5 m hoch) trägt links die Sterbeglocke, rechts die Trauglocke.

PRAKTISCHE HINWEISE

❶ Verkehrsamt, im Rathaus, Tel. (0 97 21) 5 14 97.

🚆 Würzburg, Bamberg, Gerolzhofen, Bad Kissingen, Bad Neustadt.

🚌 in alle Richtungen.

🏨 „Dorint Panorama Hotel", Am Oberen Marienbach 1.

🏨 „Parkhotel Am Jägersbrunnen", Hirtengasse 6A; „Roß", Postplatz 6; „Central-Hotel", Zehntstr. 20.

⌂ „Zum Grafen Zeppelin". – Gasthöfe.

△, △. – ▢, ⌐. – Willy-Sachs-Stadion, Tennisplätze, Rollschuhbahn, Reitschule, Kunsteisbahn.

Veranstaltungen: Im April Vogelschuß-Schützenfest; im Juni Pfingstmesse und Volksfest; im September Herbstmesse; im Dezember Weihnachtsmarkt.

Route 1. Durch das Maintal von Aschaffenburg nach Würzburg: *Aschaffenburg – **Miltenberg – **Wertheim – *Lohr – Zellingen – **Würzburg (161 km)

1

Landschaftlich ist diese Strecke, die zunächst zwischen den Ausläufern des Südspessarts und des hessischen Odenwaldes durch das weite Maintal und dann um das Mainviereck bis Lohr führt, sehr reizvoll. Wald, Wasser und Wein beherrschen das Bild.

Die Route bietet mehrere Varianten:

Von Aschaffenburg aus linksmainisch fährt man bei gleicher Kilometerzahl auf der B 469 über Obernburg, Kleinheubach nach Miltenberg (kurz vor Miltenberg Abstecher nach Amorbach).

Von Freudenberg aus kann man die rechtsmainische Straße über Fechenbach, Dorfprozelten, Stadtprozelten, Faulbach, Hasloch, Kreuzwertheim nach Wertheim wählen.

Bleibt man in Lohr auf der rechten Mainseite, kann man auch über Gemünden, Karlstadt, Thüngersheim, Veitshöchheim die unterfränkische Metropole Würzburg erreichen (s. Route 3).

*Aschaffenburg (129 m; 59 600 Einw.), kreisfreie Stadt am Untermain, Industrieschwerpunkt der unterfränkischen Region III, Meßwerkzeug-, Bekleidungs- und Papierindustrie, war von 1260−1803 die zweite Residenz der Mainzer Erzbischöfe und wurde 1816 bayerisch.

Das **Schloß Johannisburg*, 1605−1614 erbaut, eindrucksvoller Renaissancebau aus rotem Sandstein mit vier Ecktürmen, wurde nach dem Zweiten Weltkrieg wieder aufgebaut und zeigt dem Besucher Werke aus der Staatsgemäldesammlung und kostbare Stücke aus der Hofbibliothek. Sehenswert sind auch die **Stiftskirche* mit dem berühmten Spätwerk von Matthias Grünewald *,,Beweinung Christi'' (um 1520), das *Pompejanum* und, auf der anderen Mainseite, der *Park Schönbusch* mit hübschem Gartenschloß. *Stadthalle* am Schloß. – *Rosso Bianco Collection* (größte ständige Sportwagenschau der Welt), Obernauerstr. 125, Tel. (0 60 21) 2 13 58.

❶ Touristik-Information, Dalbergstr. 6, Tel. (0 60 21) 3 04 26.

🚲 An den Strecken Frankfurt−Würzburg, Aschaffenburg−Miltenberg−Wertheim und Aschaffenburg−Darmstadt.

Gute Hotels und Gasthöfe. △, △, ▱.

Aschaffenburg: Schloß

Über den Stadtteil *Obernau*, die Marktgemeinde *Sulzbach*, 8 km, über *Kleinwallstadt*, 13 km, und *Elsenfeld*, 16 km, mit Ortsteil *Rück-Schippach* (dort altes Zisterzienserkloster Himmelthal, Ursprung 1232; heute Heimstatt des Bundes-Jugendsozialwerkes), gelangt man zur Stadtgemeinde

Erlenbach am Main (129 m; 7500 Einw.), 22 km. In ihrer Schiffswerft werden Motorschiffe und Hochseetanker gebaut. 9 ha Rebland (städt. Weingut).
❶ Rathaus, Tel. (0 93 72) 50 96.

🏠 ,,Fränkische Weinstuben''. – △.

Rechtsmainisch folgt

Klingenberg am Main (128 km; 6500 Einw.), 25 km, bekrönt von einer Burgruine und bekannt durch seine Rotweinterrassen, die einen vortrefflichen Spätburgunder und Portugieser liefern. Städtisches Weingut mit 12 ha Rebfläche und Privatwinzer. Hohe Giebelhäuser, romantische Gassen, *Pfarrkirche* mit Echterturm und *Renaissanceschloß* prägen den Ort.

❶ Rathaus, Tel. (0 93 72) 1 33 24.

🚌 Miltenberg, Aschaffenburg.

🏠 ,,Paradeismühle''. △.

Burgfest mit Ritterspiel Ende Juli, Winzerfest Mitte August. Naturlehrpfad.

Bekannt als Fremdenverkehrsort ist auch die folgende Gemeinde

Großheubach am Main (136 m; 4600 Einw.), 33 km, ein Weinort mit 28 ha Rebland und sehenswertem *Fachwerk-Rathaus* (1612). Von hier aus erreicht man den Wallfahrtsort *Engelberg* (1,5 km) mit Kirche, Klosteranlage und von Franziskanern betriebener Gastwirtschaft. – In Großheubach Winzerfeste im Juni und August.

❶ Rathaus, Tel. (0 93 71) 53 21.

⛍ Miltenberg, Aschaffenburg.

⌂ ,,Haus Carmen''.

⚐. – Tennishalle, Naturlehrpfad.

Ganz nahe liegt nun die Kreisstadt

Miltenberg: Marktplatz

**Miltenberg (127 m; 9800 Einw.), 37 km. Die ,,Perle am Untermain'' prunkt mit ihrer mittelalterlichen Altstadt, dem **Hotel Riesen* (seit 1411), einem der ältesten deutschen Gasthäuser, dem *Alten Rathaus* (um 1320), das nun Kulturzentrum geworden ist, dem **Marktplatz* mit hochgiebeligem Fachwerk und schönem Brunnen. Darüber erhebt sich die *Mildenburg* mit dem Bergfried aus dem 12. Jahrhundert, dem in der Römerzeit beschriftenen Toutonenstein, und unvollendeten Sarkophagen aus dem Mittelalter vor der Stützmauer. *Stadtpfarrkirche St. Jakobus* und *Laurentiuskapelle* stammen aus dem 14. Jahrhundert. Funde aus der Römerzeit zeigt das *Museum der Stadt*. – Miltenberger Altstadtfest im Juli; Michaelsmesse in der letzten August- bzw. ersten September-Woche. Weinproben.

❶ Tourist Information, Engelplatz, Tel. (0 93 71) 40 01-19.

⛴ Aschaffenburg, Wertheim, Ulm.

⛍ Wertheim, Würzburg, Heidelberg.

⛴ Ausflugsfahrten auf dem Main.

⌂⌂⌂ ,,Jagdhotel Rose'', Hauptstr. 280.
⌂⌂ ,,Riesen'', Hauptstr. 97; ,,Main-Park-Hotel'', Mainstr. 50; ,,Mildenburg'', Mainstr. 77; ,,Brauerei Keller'', Hauptstr. 66.

⚐, ⚐. – ▭, ⏄. – Motor- und Segelflug (Mainbullau), Tennis, Reiten, Angeln, Minigolf, Bootsverleih.

Nach der Straßenkarte nur wenige Kilometer weiter als auf der rechtsmainischen Seite ist die Strecke Aschaffenburg–Miltenberg links des Mains auf der B 469,

die hier neu ausgebaut ist und an den Ortschaften *Niedernberg* und *Großwallstadt* (Weinort) vorbei nach

Obernburg (124 m; 7500 Einw.) führt. Die zugunsten von Miltenberg aufgehobene alte Kreisstadt war zur Römerzeit Mittelpunkt des den Main begleitenden ,,nassen Limes''. Das *Museum Römerhaus* besitzt Zeugnisse aus jener Zeit. Teile der mittelalterlichen Befestigung sind erhalten. Wahrzeichen ist der *Almosenturm; St. Anna-Kapelle*.

❶ Stadtverwaltung, Römerstr. 62.

⛴ Obernburg–Elsenfeld.

⛍ Aschaffenburg, Miltenberg.

⌂ ,,Römerhof'', ,,Zum Karpfen'', ,,Zum Löwen'', ,,Anker''. ⚐, ▭, ⏄.

Nach den Ortschaften *Wörth* und *Laudenbach* kommt man nach *Kleinheubach* mit dem Fürst zu Löwenstein-Wertheim-Rosenbergschen Schloß, von einem öffentlichen Park mit altem Baumbestand umgeben. Noch vor der Miltenberger Stadteinfahrt zeigt der Wegweiser auf das 8 km entfernte

Amorbach (158 m; 4500 Einw.). Hier kommen sich Spessart und Odenwald in besonders ruhiger, grüner Landschaft am nächsten. Die Stadt ging aus einem im Jahr 734 gegründeten Benediktinerkloster hervor und die ehemalige **Benediktinerabteikirche St. Maria*, in der Mitte des 18. Jahrhunderts neu gestaltet, ist wegen ihrer prachtvollen Rokokoausstattung und ihrer mächtigen Orgel berühmt. Klassizistische Räume zeigt das ehemalige Konventgebäude.

❶ Städtisches Verkehrsamt, im Rathaus.

🚢 Miltenberg, Walldürn, Buchen.

🚌 Würzburg.

⛺ „Schafhof", 3 km westlich.

🏨 „Badischer Hof", „Post".

△, ⛺, ⛵, Tennis.

✳

Von *Miltenberg* aus führt dann die Route weiter auf der Staatsstraße 2310 zunächst zum Wein- und Erholungsort

Bürgstadt (128 m; 4000 Einw.), 40 km. Der Weinbauort (mit 60 ha flurbereinigtem Rebland) ist durch seine auf Buntsandstein wachsenden Rotweinreben bekannt. Hier hat auch das Würzburger Juliusspital Weinberge („Bürgstädter Mainhölle"). Beiderseits der kurvenreichen Ortsdurchfahrt stehen sehenswerte Zeugen aus der Vergangenheit, so das 400 Jahre alte *Rathaus* mit schwungvollem Giebel (im Erdgeschoß ein kleines Dorfmuseum) und die katholische *Pfarrkirche* (1351) mit besonders schönen Portalen. Kunstgeschichtlich am bedeutendsten ist die *St.-Martins-Kapelle* (frühes 13. Jh.) mit ihren Wandmalereien (40 Medaillons aus der Heilsgeschichte). Interessant sind auch die Ausgrabungen auf dem *Ringwall* (Funde aus der Hallstattzeit, Michelsberger Kultur bis 5000 v. Chr.) und die *Zentgrafen-Kapelle*.

❶ Fremdenverkehrsverein, Streckfuß 31, Tel. (0 93 71) 83 22, und Rathaus, Tel. (0 93 71) 20 51.

🏨 „Weinhaus Stern".

Mainaufwärts erreicht man bald

Freudenberg (127–450 m; 3700 Einw.), 45 km. Der 1956 vom Lande Baden-Württemberg wieder zur Stadt erhobene, vom Bergfried der *Freudenburg* überragte, staatlich anerkannte Erholungsort ist 700 Jahre alt. Rechts an der engen Hauptstraße fällt das *Fachwerk-Rathaus* auf (1499–1505). Sehenswert sind auch die Reste der mittelalterlichen *Befestigung* und die *Pfarrkirche* von 1692. – Badesee.

❶ Stadtverwaltung, Tel. (0 93 75) 5 24.

🏨 „Goldenes Faß", „Zur Rose". – △.

Die nur stellenweise ausgebaute *Nibelungenstraße* entlang des Mains führt über *Mondfeld* und an *Grünenwörth* vorbei durch den Stadtteil *Bestenheid* (bedeutende Glasindustrie) nach

**Wertheim (145 m; 21500 Einw.), 67 km. Im Jahre 1009 zum erstenmal urkundlich erwähnt, ist Wertheim seit 1306 Stadt. Das Bild der Mainstadt an der Taubermündung wird von der *Burgruine* beherrscht, einst Sitz der Grafen von Wertheim (nach Renovierungs- und Aufbauarbeiten jetzt wieder zugänglich).

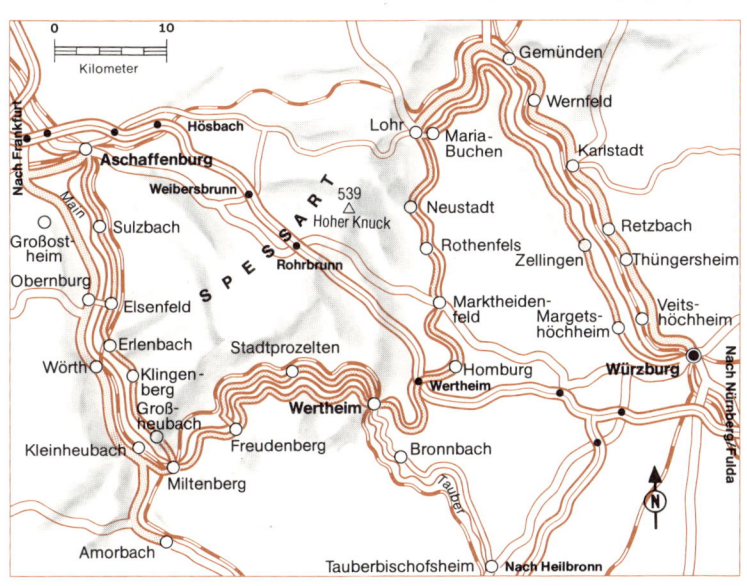

Die Altstadt ist voller Sehenswürdigkeiten: der *Spitze Turm* an der Taubermündung, Eckturm der früheren Stadtbefestigung, 36,50 m hoch mit 2 m dicken Mauern als Wachtturm um 1200 errichtet, das *Maintor*, der *Marktplatz* mit seinen Fachwerkhaus-Reihen, die *Münzgasse* und Gebäudegruppen aus dem 15. Jahrhundert. In der ehemaligen *Hofhaltung* sind das Stadt- und Staatsarchiv untergebracht; das prächtige Barockportal von 1749 zeigt die Wappen des Fürsten Carl zu Löwenstein-Wertheim. Das *Rathaus*, seit 1561 Sitz der Stadtverwaltung, wurde aus ursprünglich vier Gebäuden zu einer Einheit verschmolzen. Der Eckturm enthält eine seltene Doppel-Wendeltreppe (Doppelschnecke). Ebenfalls eine Besichtigung wert sind das *Glasmuseum*, dann die *Stiftskirche*, eine dreischiffige gotische Pfeilerbasilika (Grundstein mit der Jahreszahl 1384) und die gegenüberliegende spätgotische *Kilianskapelle* (1496); sie beherbergt jetzt das *Historische Museum* (mit Trachtensammlung). Der *Engelsbrunnen* davor, Wahrzeichen der Stadt, ist von 1574.

Wertheim ist seit 1972 wieder Weinbaustadt. Für badische Frankenweine sind die Stadtteile *Reichholzheim, Dertingen* und *Lindelbach* bekannt.

ⓘ Fremdenverkehrsgesellschaft, Am Spitzen Turm, 6980 Wertheim, Tel. (0 93 42) 10 66 und 10 67.

🚗 Miltenberg, Würzburg, Lauda.

🚌 Marktheidenfeld, Lohr, Würzburg, Tauberbischofsheim.

🚢 Ausflugsfahrten auf dem Main.

🏨🏨 ,,Schweizer Stuben", im Ortsteil Bettingen.

🏨 ,,Schwan", Mainplatz 8; ,,Kette", Lindenstr. 14; ,,Löwensteiner Hof", Bahnhofstr. 11, „Bronnbacher Hof", Mainplatz 10.

⛺, 5 ⛺. – 🏊, 🏊. – Tennis, Minigolf, Reiten, Angeln; Weinproben.

*

Wer zur Fahrt von Miltenberg nach Wertheim die rechtsmainische, die bayerische Seite, wählt, fährt 250 m nach der Stadteinfahrt in *Freudenberg* über die Mainbrücke und erreicht über *Collenberg* die Ortschaft *Dorfprozelten* (1700 Einw.), als Fischerdorf bekannt, Ausgangspunkt markierter Wanderwege in die Wald- und Flußlandschaft der schönen Umgebung. – 4 km weiter kommt man nach

Stadtprozelten (130–230 m; 1600 Einw.), 56 km, das vom Bergfried der Burgruine *Henneburg* überragt wird. Die im wesentlichen vom Deutschherrenorden errichtete tausendjährige Anlage gehört mit ihrer Ringmauer zur Stadtbefestigung. Die *Pfarrkirche* stammt aus dem 14. Jahrhundert. Sie enthält einen Hochaltar mit Kreuzigungsgruppe der ,,Nürnberger Schule" (15. Jh.). Das *Rathaus* (1520) weist als Besonderheit zwei toskanische Säulen als Stützen des Erkers auf.

ⓘ Stadtverwaltung, Tel. (0 93 92) 71 17.

🚗 Aschaffenburg, Würzburg.

🚌 Miltenberg, Wertheim, Würzburg.

⌂ ,,Schwarzer Adler", ,,Waldeck".

⛺ (Wohnwagen). – Wassersport, Angeln.

Auf der Weiterfahrt nach *Hasloch* (142 m; 1400 Einw.), 63 km, kommt man an einem Eisenwerk vorbei, wo der letzte wassergetriebene Eisenhammer Deutschlands vorwiegend Glockenklöppel schmiedet. Der Ort selbst bietet in seiner evangelischen Pfarrkirche zwei sehenswerte spätgotische Altarbilder. 5 km weiter liegt auf dem rechten Mainufer, der Stadt Wertheim genau gegenüber,

Kreuzwertheim (146 m; 3500 Einw.), 67 km. Seinen Namen erhielt der Ort nach einem Steinkreuz, das schon 1009 auf dem kleinen Platz rechts der Durchgangsstraße stand. In der *evangelischen Pfarrkirche* ist ein gotischer Flügelaltar mit figurenreicher Kreuzigungsgruppe aus dem 15. Jahrhundert zu betrachten. Links der Durchgangsstraße liegt ein *Schloß* (1736), Wohnsitz der evangelischen Linie der Fürsten von Löwenstein-Wertheim-Freudenberg (keine Innenbesichtigung).

ⓘ Gemeindeverwaltung, Lengfurter Str. 8, Tel. (0 93 42) 3 70 26.

🚗 Wertheim.

🚌 Über Wertheim in alle Richtungen.

🏨 ,,Herrnwisen", ,,Lindenhof".

🏊, 🏊. – Wassersport, Tennis, Schießen.

Über die Mainbrücke erreicht man Wertheim.

*

Von Wertheim führt die Staatsstraße 2310 am Main entlang (der Fluß bildet hier die Landesgrenze zwischen Bayern und Baden-Württemberg), am Stadtteil *Eichel* vorbei nach dem Stadtteil

Urphar (600 Einw.), 73 km. Der Ort besitzt in seiner *Jakobskirche* eine Kostbarkeit (man erreicht sie über die steile Dorfstraße; Schlüssel beim Meßner). Wehrturm und Apsis dieser kleinen Wehrkirche stammen aus dem 9. und 10. Jahrhundert, das Langhaus von 1296. Mit ihren 1909 und 1951–1953 freigelegten Fresken ist die Kirche ein beeindruckendes Zeugnis mittelalterlicher Volkskunst. Der Dachstuhl wurde aus ungehobelten Kiefernbalken gezimmert. Seit 1524 ist die Kirche evangelisch, heute dient sie beiden christlichen Konfessionen als Gotteshaus.

Bettingen gehört noch zu Baden-Württemberg. Gleich nach der Straßenkreuzung vor der Pfarrkirche geht es links nach

Homburg am Main (1000 Einw.), 83 km, Ortsteil des Marktes *Triefenstein*, zu dem auch Lengfurt, Trennfeld und Rettersheim gehören. Im Oberdorf des Weinortes steht das *Schloß Homburg* mit Bergfried und Burkardusgrotte. ,,Homburger Kallmuth'' und ,,Homburger Edelfrau'' sind bekannte Frankenwein-Lagen, die z. T. im alten Julius-Echter-Keller gelagert werden; Weinproben. – Verwaltungssitz des Marktes Triefenstein ist

Lengfurt (150 m; 1300 Einw.), 86 km. Ein Fresko am Marktplatz erinnert an die Mainüberquerung Napoleons im Jahre 1812. Der auf dem Markt stehende *Obelisk* (Dreifaltigkeitssäule) gemahnt an ein Pestgelübde und ist ein Werk des Würzburgers Jakob von Auvera (1728). Von Lengfurt aus über die Mainbrücke kommt man zum *Kloster Triefenstein*, das mit seinen Türmen das weite Flußtal überragt. Das ehemalige Chorherrenstift aus dem Jahre 1102 wurde im 17. Jahrhundert nach Plänen von Valentin Pezzani umgestaltet. 1803 kam die Propstei an das Löwenstein-Wertheim-Freudenbergsche Fürstenhaus. Seit 1985 ist die Christusträger-Bruderschaft Eigentümer des Klosters. Die *Klosterkirche*, deren wertvolle Innenausstattung zu den bedeutendsten Werken des Klassizismus in Franken zählt, kann nicht besichtigt werden.

❶ Rathaus, Tel. (0 93 95) 2 53.

⚠. – ▢, ⌐ Ozonhallenbad, beheiztes Waldschwimmbad, Sauna, Tennisplätze.

Marktheidenfeld (156 m; 9800 Einw.), 92 km, ist ein über 1000 Jahre altes Städtchen mit malerischer Mainfront und schönen Fachwerkhäusern am *Marktplatz* (Fußgängerzone). Sehenswert sind das 1745 vom Weinhändler Franck erbaute *Rokokohaus* in der Untertorstraße und die *Laurentiuskirche*. Die *Laurenzi-Mess'* im August ist eines der bekanntesten Volksfeste Unterfrankens.

Eine Wanderung führt von Marktheidenfeld in 1 Stunde zum Stadtteil *Glasofen*, von dort geht es in 1½ Stunden über den Stadtteil *Marienbrunn*, durch den *Wachenbachgrund* und den *Fürstlich Löwensteinschen Wildpark* zum *Jagdschloß Karlshöhe* (bewirtschaftet).

❶ Rathaus, Tel. (0 93 91) 50 04/13.

🚌 Würzburg, Lohr, Wertheim, Aschaffenburg.

⛴ Ausflugsfahrten auf dem Main.

🏨 ,,Anker'', Obertorstr. 6 (mit Restaurant ,,Weinhaus Anker'', Obertorstr. 13).

🏨 ,,Zum Löwen'', Marktplatz 3; ,,Zur Schönen Aussicht'', Brückenstr. 8; ,,Baumhof-Tenne'', Baumhofstr. 147, ,,Mainblick'', Mainkai 11.

⚠ (März bis November).

⌐ Schwimm- und Freizeitzentrum ,,Maradies''; Angeln, Tennisplätze und -halle, Segel- und Motorflug (Flugplatz Altfeld), Reiten, Wandern.

Unsere Route führt bei Marktheidenfeld auf der alten Mainbrücke über den Main, dort rechts ab 200 m auf der B 8, dann in die Abzweigung mainaufwärts nach

Hafenlohr (170 m; 1800 Einw.), 95 km, das an der Mündung des gleichnamigen Flusses in den Main liegt. Tonvorkommen führten hier früh zu einer Blüte des Töpferhandwerks. Noch heute wird in zwei Töpfereien manuell irdenes Geschirr hergestellt und verkauft. Sehenswert ist die *Pfarrkirche* mit einer Holzfigur des hl. Blasius (13. Jh.).

❶ Rathaus, Tel. (0 93 91) 39 77.

Rothenfels (150 m; 1000 Einw.), 98 km, ist die kleinste Stadt Bayerns, mit spitzgiebeligen Fachwerkhäusern an der Hauptstraße, mit alten Hausmadonnen und schmiedeeisernen Wirtshausschildern. Sehenswert sind das *Rathaus* von 1599 und die *Pfarrkirche* mit Sakramentshäuschen und Taufstein von 1613. Über dem malerischen Ort steht die *Burg Rothenfels*, 1148 durch Marquard von Grumbach begründet. Die Burg, heute auch Jugendherberge, wurde 1919 vom Jugendbund Quickborn erworben und wird nun als Tagungsstätte genutzt.

❶ Rathaus, Tel. (0 93 93) 4 09.

ô ,,Anker'', Hauptstr. 60–61.

Neustadt am Main (155 m; 1500 Einw.), 102 km, ist der nächste Ort. Er wurde bekannt durch das 785 vom Würzburger Bischof begründete Benediktinerkloster.

Auf seinen Ruinen entstand 1960−1962 ein neues *Ordenshaus der Dominikanerinnen*. Reste der karolingischen Klosterkirche, ehem. Abteikirche (frühes 12. Jh.), Kreuzgang, Lapidarium. − Über *Rodenbach* wird die Spessartstadt

Lohr (155−169 m; 18 000 Einw.), 110 km, erreicht. Am Main, vor der grünen Kulisse des größten deutschen Laubwaldgebietes gelegen, bildet die ehemalige Kreisstadt das wirtschaftliche Zentrum des Ostspessarts mit Holz-, Eisen- und Glasindustrie.

In der von Gotik und Renaissance geprägten Altstadt sind sehenswert die Pfarrkirche *St. Michael* (12. und 13. Jh.; von ihr nimmt alljährlich die Karfreitagsprozession ihren Ausgang, die letzte in dieser Vollständigkeit erhaltene Bilderprozession in Deutschland) mit Rokokoaltar und Taufstein (1488), sowie das zwischen 1599 und 1611 erbaute *Schloß*, einst Amtshaus der Grafen von Rieneck, dann im Besitz der Mainzer Erzbischöfe, zeitweilig Sitz des Landratsamtes.

Hier befindet sich heute das *Spessartmuseum* mit bedeutender Gläsersammlung aus alten Spessarter Hütten. Im Fürstenzimmer sind prachtvolle Spiegel nach venezianischer Art aus der Lohrer Spiegelglasmanufaktur des 17. und 18. Jahrhunderts und ein wertvoller Renaissanceofen zu sehen. Das *Rathaus* (1599−1601) steht auf einer dreischiffigen Markthalle. Alte Fachwerkhäuser in nächster Umgebung bilden einen schönen Rahmen.

3 km südöstlich von Lohr liegt das Kapuzinerkloster *Maria Buchen*, mitten im Wald. Seine Gründung geht ins frühe 15. Jahrhundert zurück.

❶ Verkehrsverein, Ludwigstr. 10, Tel. (0 93 52) 36 00 und 25 37; Verkehrsamt, im Rathaus, Tel. (0 93 52) 10 01 und 90 11.

🚌 Aschaffenburg, Gemünden, Würzburg.

🚃 Aschaffenburg, Marktheidenfeld, Würzburg.

🏨 ,,Beck's Hotel Garni", Lindenstr. 2; ,,Bundschuh", Am Kaibach 7. − ,,Adler", L.-Steinbach, Steinbacher Str. 14.

🏠 ,,Engel", Vorstadtstr. 7.

⛺, ⛺. − 🏊, ⛵. − Tennis, Minigolf, Reiten, Angeln.

Von Lohr aus führen zwei Straßenvarianten nach Würzburg. Die rechtsmainische B 26 über Gemünden, Karlstadt, Retzbach, Thüngersheim und Veitshöchheim wird im Rahmen der Route 3 dieses Reiseführers besprochen und ist 5 km länger als die hier beschriebene linksmainische Strecke.

In Lohr führen zwei Brücken über den Fluß. Im Stadtteil *Steinbach* befinden sich das 1725−1728 nach Plänen Balthasar Neumanns errichtete Schloß der Herren von Hutten.

Man bleibt nicht auf der Staatsstraße, sondern biegt noch im Ort Steinbach, anstatt den Wiesenfelder Berg hinaufzufahren, auf die neue Kreisstraße ein, die über *Hofstetten* ⚲, *Kleinwernfeld* und *Harrbach* erst in *Karlburg* wieder in die Staatsstraße mündet und dann − gegenüber dem rechtsmainischen Kreissitz Karlstadt − durch die engen Ortsdurchfahrten von *Mühlbach*, *Laudenbach* und *Himmelstadt* in die Marktgemeinde

Zellingen (166 m; 5500 Einw.), 145 km, führt, zu der auch *Retzbach* auf der anderen Mainseite und der 8 km entfernte Ortsteil *Duttenbrunn* gehören. In Zellingen fällt der *Torturm* aus dem 16. Jahrhundert auf, der ehemals zur Ortsbefestigung gehörte. Interessant die *katholische Pfarrkirche* (mit der Barockkuppel), die aus dem frühen klassizistischen Weißen Schloß (16. Jh.) entstand. − Radwege nach Karlstadt und Würzburg.

❶ Marktgemeindeverwaltung, Würzburger Str. 26, Tel. (0 93 64) 10 12.

Von Zellingen aus geht es auf der Staatsstraße 2435 weiter nach *Erlabrunn*, das durch seinen noch jungen Weinbau einen guten Namen erlangt hat. Das dann folgende *Margetshöchheim* (🏨 ,,Weinhaus Flach") ist durch seinen Obstgroßmarkt bekannt. Die letzte Gemeinde vor der Regierungshauptstadt Würzburg ist.

Zell am Main (170 m; 3350 Einw.), 157 km. Der Ort spielte durch sein Prämonstratenser-Kloster bereits 1128 eine bedeutende Rolle. Bauern- und Schwedenkrieg brachten den Niedergang.

Im 18. Jahrhundert kam der Ort zu neuer Blüte und beherbergte zwei Klöster, die 1803 durch die Säkularisation aufgelöst wurden. 1833 wurde durch Antonie Werr ein neues Kloster gegründet. Die ,,Zeller Schwestern", wie sie im Volksmund heißen, sind heute durch ihre Haushaltsschule in ganz Unterfranken bekannt und angesehen. Die sorgfältig erneuerten Klosteranlagen sind sehenswert.

**Route 2. Durch das Maintal von Würzburg nach Bamberg:
**Würzburg–*Frickenhausen–*Kitzingen–*Volk-
ach–Schweinfurt–Haßfurt–**Bamberg (145 km)**

2

Vom unterfränkischen Regierungs- und Bischofssitz **Würzburg* aus geht es rechtsmainisch flußaufwärts auf der B 13 zunächst in den südlichen Landkreis Würzburg, der auch als unterfränkischer „Weinwinkel" bezeichnet wird.

Randersacker (179 m; 3500 Einw.), 7 km, früher durch seine ergiebigen Muschelkalk-Steinbrüche bekannt, ist heute auf den Weinbau konzentriert und mit 280 ha einer der führenden fränkischen Winzerorte. Die erste Urkunde über den Weinbau stammt von 779. Bereits 1150 wurde der Ort zur Pfarrei erhoben, Marktrecht erhielt er 1451. Die Pfarrkirche *St. Stephanus* hat einen viergeschossigen Turm aus riesigen Quadersteinen (12. Jh.). Dicht gedrängt ist der Ortskern mit altem *Mönchshof* und *Zehntscheune* sowie madonnengeschmückten Bürgerhäusern in engen Gassen.

❶ Marktgemeindeverwaltung, Maingasse 9, Tel. (09 31) 70 82 82.

🚃 Würzburg, Ochsenfurt.

🏨 „Bären", Pförtleinsgasse 1.

2 km vom Ortsausgang entfernt, führt die B 13, an der Autobahnausfahrt Würzburg/Randersacker vorbei, nach

Eibelstadt (183 m; 2440 Einw.), 9 km. Die Trauben im Wappen weisen auch hier auf frühen Weinbau hin. Stadtrecht hat der Ort seit 1434. Die romanische Pfarrkirche *St. Nikolaus* (Untergeschoß aus dem 13. Jahrhundert, heutiges Gotteshaus spätgotisch um 1480) besitzt einen Taufstein von 1613 und drei schmuckreiche Altäre. Neben der Kirche liegt das *Stadtschreiberhaus* von 1531. Das barocke *Rathaus* schuf Joseph Greising (1708); schöner Sitzungssaal mit Stadtwappen im Deckenstuck. Vor dem Rathaus steht die *Mariensäule* (1688). Die mittelalterliche *Wehrmauer* mit 3 Toren und 8 Türmen ist noch gut erhalten.

❶ Verkehrsamt, im Rathaus, Tel. (0 93 03) 2 16.

🏨 „Zum Roß", Hauptstr. 14

Am Main entlang führt die B 13 an der Marktgemeinde

*Sommerhausen (178 m; 1510 Einw.), 12 km, vorbei. Ein Besuch des Ortskerns

ist zu empfehlen. Im *Würzburger Tor* befindet sich das *Torturmtheater*, von dem Schauspieler und Maler Luigi Malipiero gegründet, heute von Veit Relin geleitet, mit 52 Plätzen das kleinste Theater Deutschlands. In der Ortsmitte steht das *Rathaus* mit Treppengiebel (1558), daneben die *evangelische Kirche* mit altem Holzschnitzereien an der Kanzel (Kirchturm 13. Jh.). Kurz vor dem Ortsausgang, am *Ochsenfurter Tor*, befindet sich das Sommerhäuser *Schloß*, bis vor wenigen Jahren im Besitz der Grafen von Rechteren-Limpurg. Der zweiflügelige ältere Trakt stammt aus dem 15. Jahrhundert, der Hauptbau trägt die Jahreszahl 1569. Außerhalb des Ochsenfurter Tores liegt die größte Rebschule der Bundesrepublik, erstrecken sich Obstplantagen und Weinberge.

❶ Gemeindeverwaltung, Hauptstr. 15, Tel. (0 93 33) 2 16.

🚃 Würzburg, Ochsenfurt.

🏨 „Ritter Jörg", Maingasse 14.

🍷 „Weinhaus Düll", Maingasse 5.

Auf der Weiterfahrt wird *Kleinochsenfurt* passiert; die Stadt Ochsenfurt liegt auf der anderen Mainseite. An der Nordaufahrt der zweiten Mainbrücke, wo der Main seinen südlichsten Punkt erreicht, wird die B 13 verlassen. Es geht links weiter, geradeaus zur Weinbaugemeinde

*Frickenhausen (194 m; 1370 Einw.), 20 km. Der malerische Ort mit schönen Bürgerhäusern an engen Gassen schmiegt sich an seine Weinberge (100 ha). Zum *Rathaus* (um 1450) führt eine Freitreppe (1591). Der 400 Jahre alte Sitzungssaal wird noch heute vom Marktgemeinderat benutzt. Vor dem Rathaus steht eine *Marienbildsäule*, eine der schönsten Frankens (1717). Wertvollstes Kleinod des Ortes ist jedoch die Pfarrkirche *St. Gallus*, vom Würzburger Dombaumeister Hans Boch 1515–1521 erbaut. Der Renaissance-Hochaltar ist eine Arbeit des fränkischen Bildschnitzers Georg Brenk und seiner beiden Söhne (um 1630). Ein grobgepflasterter Weg führt zwischen alten Weinbergsmauern zur *Valentinuskapelle*, 1699 als Dankkapelle von dem Küfermeister und Bürgermeister Valentin Zang errichtet. Von der Ortsbefestigung, 1462 begonnen, stehen noch vier wuchtige Tore. Das viergeschossige *Ochsenfurter Tor* ist das mächtigste, das *Maintor* das älteste, das dreigeschossige *Untere Mühltor* mit dem Satteldach und der Spitzbogendurchfahrt das engste und das *Obere Tor* mit der überdachten Zugangstreppe aus Holz das romantischste.

❶ Gemeindeverwaltung, Tel. (0 93 31) 27 26.

🚇 Bahnstation Ochsenfurt – 🚌.

🏨 ,,Waldhotel Polisina", Marktbreiter Str. 265.

🏨 ,,Meintzinger", Jahnplatz.

⛺. – 🏕, 🛶.

4 km mainaufwärts liegt das geschichtlich interessante

*Sulzfeld (198 m; 1250 Einw.), 29 km. Der Name der Weinlage ,,Cyriakusberg" erinnert noch an die Schlacht von 1266 zwischen dem Würzburger Domkapitel und den Grafen von Henneberg/Castell um die Besetzung des Bischofsstuhles. Sulzfeld blieb würzburgisch, auch nach opferreicher schwedischer Besetzung. Fürstbischof Julius Echter schenkte dem Ort das stattliche *Rathaus*, 1609 vollendet. Seine feine Pilaster- und Gesimsgliederung, vor allem aber die zwei prächtigen Renaissance-Portale suchen ihresgleichen an einem dörflichen Rathaus Frankens. Viele der schmalen hohen Bürgerhäuser sind mit Madonnen geschmückt. In erhöhter Lage steht die *Pfarrkirche* (1482, Langhaus 1602) mit eindrucksvollem Gemälde der Sebastiansmarter, auch mit Bildwerken von Auvera und Schiestl. Interessant sind noch das fürstbischöfliche *Kellereihaus* (1529) und die *Kreuzkapelle* auf dem Friedhof. Sulzfelds *Wehrbefestigung* mit insgesamt 21 Türmen, darunter drei Tortürme, ist sehr gut erhalten. Alljährlich Anfang August begeht der Ort sein weithin bekanntes Straßenweinfest.

❶ Gemeindeverwaltung, im Rathaus, Tel. (0 93 21) 54 74 und 80 66.

🚌 Kitzingen.

🏨 ,,Zum Hirschen", Zehntgasse 1.

Vom Ortsausgang von Sulzfeld, das auch ,,Klein-Rothenburg" genannt wird, sind es nur 3 km bis zur Kreisstadt

*Kitzingen (198 m; 20 650 Einw.), 32 km. Das vieltürmige Stadtbild mit zwei Mainbrücken hat seinen Mittelpunkt in dem *Renaissance-Rathaus* von 1563 mit

Dettelbach: Hauptportal der Kirche Maria im Sand

dem runden Turm an der Marktplatzseite. Die gewölbte zweischiffige Halle trägt eine Diele mit massiver Balkendecke im Obergeschoß und den Ratssaal im zweiten Stock, den eine feine Wandvertäfelung mit Einlegearbeiten und ein schöner Ofen schmücken. Dort, wo früher ein Benediktinerinnenkloster stand (748 durch Bonifatius gegründet und 1544 aufgelöst), erhebt sich heute die *evangelische Pfarrkirche*, vom Würzburger Hofbaumeister Antonio Petrini in kräftigem Barock mit kunstvollem Turm erbaut. Sehenswert auch die katholische *St.-Johannes-Kirche*, eine dreischiffige Halle mit Sterngewölbe und klassizistisch strenger Marmorkanzel von Materno Bossi. Am linken Seitenschiff entdeckte man bei der Renovierung 1958 spätgotische Fresken.

Anfang unseres Jahrhunderts lebte Kitzingen hauptsächlich vom Frankenwein und vom Weinhandel. Der Keller des früheren Benediktinerinnenklosters soll der älteste Weinkeller Deutschlands sein. Neuerdings wird auf Kitzinger Gemarkung wieder Weinbau betrieben. Auch der *Schiefe Turm* (Falterturm) von Kitzingen, heute Heimstatt des *Deutschen Fastnachtsmuseums*, wird mit dem Wein in Verbindung gebracht. Es heißt, die Maurer hätten ihren Mörtel mit Wein gemischt, die Zimmerleute beim Dachstuhlbau zu tief in den Weinkrug geschaut.

Kitzingen ist eine lebhafte Geschäftsstadt, sie hat mehrere metallverarbeitende Betriebe und einen Mainhafen. Im linksmainischen Stadtteil *Etwashausen* (sehenswerte Kreuzkapelle von Balthasar Neumann) wie in der Nachbargemeinde *Albertshofen* befinden sich große Gemüsegärtnereien. An der B 8, 3 km westlich von Kitzingen, in *Repperndorf*, arbeitet Frankens größter Weinerzeugerbetrieb, die Gebietswinzergenossenschaft (s. S. 14).

❶ Verkehrsbüro, Marktstr. 28, Tel. (0 93 21) 20-2 05.

⇌ Würzburg−Nürnberg.

🚌 in alle Richtungen.

🏨 „Esbach-Hof", Repperndorfer Str. 3; „Bayerischer Hof", Herrnstr. 2; „Deutsches Haus", Bismarckstr. 10.

⌕ Sole-Hallenbad, **⌂**.

✳

Man kann von *Klein-Ochsenfurt* auch nach **Ochsenfurt* auf das linke Mainufer überwechseln und über **Marktbreit* und *Marktstett* nach Kitzingen fahren (s. Route 3).

✳

Wir bleiben von Kitzingen aus rechts des Mains und fahren durch die Ortschaft *Mainstockheim*, zwischen Main und steilen Rebhängen nach

*Dettelbach (202 m; 6000 Einw.), 41 km, in aussichtsreicher Weinlandschaft (insgesamt 140 ha Rebland) über dem Main gelegen. 1484 zur Stadt erhoben, besitzt

Dettelbach aus jener Zeit ein großes *Rathaus* mit gotischem Erker über der Freitreppe. Die Kirche *Maria im Sand* mit prunkvollem **Hauptportal (1612/1613 von dem Hohenloheschen Bildhauer Michael Kern errichtet) war im ausgehenden Mittelalter Frankens meistbesuchter Wallfahrtsort. Die heutige Gnadenkapelle mit drei Altären wurde 1613 von Julius Echter geweiht. Wallfahrt und Franziskaner sind bis in die Gegenwart geblieben.

Wahrzeichen Dettelbachs ist die Stadtpfarrkirche *St. Augustinus* (15. Jh.; Westteil 1770−1774 erneuert). Eine originelle Holzbrücke verbindet ihre ungleichen Türme. Beim Aufgang zur Kirche steht noch ein *Pranger* mit Halseisen. Die engen, kopfsteingepflasterten Gassen bieten schönes Fachwerk. Auch hier blieb die mittelalterliche *Stadtmauer* mit mehreren Türmen und Toren erhalten. Im *Falterturm* befindet sich das interessante *Handwerkermuseum*. Weinproben werden veranstaltet.

❶ Stadtverwaltung, Luitpold-Baumann-Str. 1, Tel. (0 93 24) 30 40.

⇌ Würzburg−Nürnberg (Busverbindung zum Bahnhof).

🏨 „Zur Sonne", Markt 1. − **⌂** „Am Bach", Eichgasse 5.

⌂. − **⌕**, Badeseen am Main.

Nach 5 km auf der B 22 in Richtung Bamberg (links das staatliche Tierzucht-

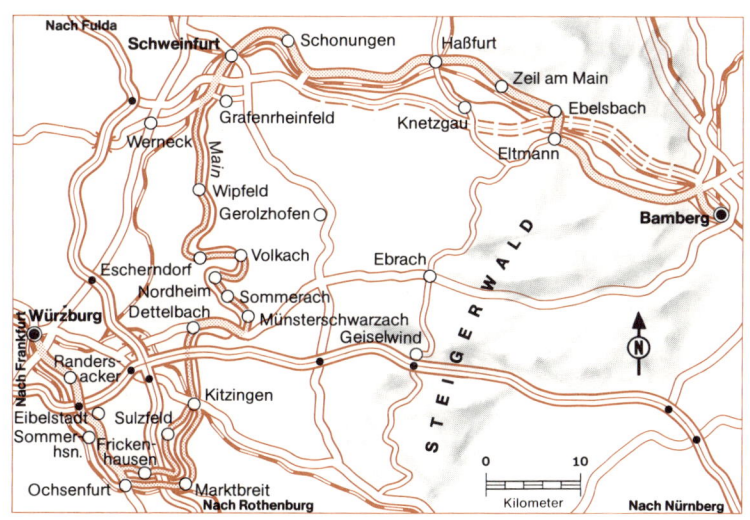

Versuchsgut Schwarzenau) biegt unsere Straße bei *Stadtschwarzach* (Rathaus von 1715) ab nach

Münsterschwarzach. Das *Münster* der Benediktiner überragt hier die Mainlandschaft. Die alte Abtei wurde 816 gegründet, erlitt schwerste Schäden im Bauernkrieg und wurde im 18. Jahrhundert wiederaufgebaut. Kein Geringerer als Balthasar Neumann, der Würzburger Residenzbaumeister, errichtete die 1743 geweihte Basilika, die jedoch 1821–1827 abgebrochen wurde.

Das jetzige Münster ist ein Neubau von Prof. Albert Boßlet (1938 geweiht). Sehenswert sind im Innern am Hochaltar die majestätische Darstellung des Erlösungswerkes, an der äußeren Fassade die Figuren der vier Evangelisten Matthäus, Markus, Lukas und Johannes. Im Torhaus befindet sich ein *Missionsmuseum*.

❶ Rathaus, Tel. (0 93 24) 8 32.

🏠 ,,Zum Benediktiner‘‘, Schweinfurter Str. 31.

Sommerach (196 m; 1100 Einw.), 51 km, zählt mit 250 ha Rebland in der eigenen Gemarkung zum Kerngebiet des fränkischen Weinbaus. Hier gab es schon um 1560 eine Herbstleseordnung, und Sommeracher Weinbauern gründeten 1901 die erste Winzergenossenschaft in Franken. Hinter dem *Schwarzacher Tor* erblickt man den ehemaligen *Zehnthof*, der in die teilweise erhaltene *Wehrmauer* mit mehreren Türmen und Toren einbezogen ist. In der Mitte des Ortes stehen die *Pfarrkirche* (1562) und das *Rathaus* (1661–1664).

❶ Gemeindeverwaltung, Tel. (0 93 81) 12 29.

🏠 ,,Zum Schwan‘‘, Hauptstr. 10; ,,Zum Weißen Lamm‘‘, Hauptstr. 2.

Nordheim (210 m; 990 Einw.), 56 km, ist mit 400 ha Rebland die größte Weinbaugemeinde Frankens. Im *Zehnthof*, einen dreiflügeligen Renaissancebau aus dem 16. Jahrhundert, mit schönem Portal und Erker, haben die Winzergenossenschaft und die neuen Zehnthof-Weinstuben (Weinproben mit Kellerbesichtigung) ihr Domizil. Einen schönen Staffelgiebel zeigt das *Rathaus*. Die spätgotische *Laurentiuskirche* in der Nähe weist barocke Ausstattung und die Büste des Winzerpatrons St. Urban auf. Alljährlich an Himmelfahrt und dem darauf folgenden Wochenende findet in Nordheim das erste Weinfest in Franken statt.

*Volkach (200 m; 8400 Einw.), 61 km, an der Mainschleife, die durch ihre Kunstschätze und durch die Frankenwein-Seminare bekannte Fremdenverkehrsstadt, gilt als Mittelpunkt des Maindreiecks. An der breit angelegten Hauptstraße sieht man die alten Amtsgebäude aus fürstbischöflicher Zeit: die *Kellerei,* den *Zehnthof,* das *Amtshaus* Julius Echters. Den Marktplatz beherrscht die stattliche *Rathaus* (1544), nicht weit entfernt das *Schelfenhaus* (1719) mit stuckierten Festräumen, ein Patrizierhaus, das die Stadt für ihre Gäste neu hergerichtet hat. Die spätgotische Stadtkirche *St. Bartholomäus* (1413 begonnen) ist wegen ihrer vielseitigen Ausstattung aus verschiedenen Stilepochen sehenswert.

Volkacher Madonna

Die 1,5 km außerhalb der Stadt, auf einer rebbepflanzten Anhöhe liegende Wallfahrtskirche *Unsere Liebe Frau im Weingarten* birgt das letzte große Werk Riemenschneiders, die ****Madonna im Rosenkranz,** im Auftrag einer marianischen Gebetsbruderschaft 1521–1524 entstanden. Die Madonna steht in einem Oval, geschmückt mit geschnitzten Rosenblüten und fünf Szenen aus dem Marienleben. 1962 war sie von Kunstdieben geraubt worden, nach mehreren Monaten kam sie dann auf abenteuerliche Weise nach Volkach zurück.

❶ Verkehrsamt, Rathaus, Tel. (0 93 81) 4 01 12.

🚆 Würzburg, Kitzingen, Gerolzhofen, Schweinfurt.

🏨 ,,Zur Schwane‘‘, Hauptstr. 12; ,,Königlich Bayerisches Amtsgericht‘‘, Hauptstr. 31. – ⚓. – 🖼, ⌂.

Zu den zehn Stadtteilen Volkachs gehören *Astheim* mit seinem früheren Kartäuserkloster (Gründung 1409, nachgotische Kirche von 1603, barocker Hochaltar von 1723, geschnitztes Chorgestühl von 1606 und 1724) und der bekannte Weinort *Escherndorf* (150 ha Rebland; spätgotische Pfarrkirche mit Rokokoorgel), den man auf der Kreisstraße zwischen Main und den steilen Weinlagen ,,Escherndorfer Lump‘‘ erreicht.

Auf der Höhe am ,,größten Bocksbeutel der Welt‘‘ vorbei, biegt man von der Hauptstraße in Richtung Würzburg nach 300 m in den Hohlweg ab, der nach *Unter-* und *Obereisenheim* führt. Beide Orte bilden den Markt

Eisenheim (1100 Einw.), der noch zum Landkreis Würzburg gehört. Beide Ortsteile sind gleich groß. Der eine ist evangelisch, der andere katholisch. Beide besitzen sehenswerte Weinlagen. Sehenswert sind der *Zehntkeller* mit Natursteingewölbe von 1583 und die *Obereisenheimer Pfarrkirche* von 1461.

❶ Rathaus, Tel. (0 93 86) 2 73.

4 km mainaufwärts folgt dann die südlichste Gemeinde des Landkreises Schweinfurt, nämlich

Wipfeld (210 m; 1150 Einw.), 72 km, ein Ort von reicher geschichtlicher Vergangenheit. In Wipfeld wurde 1459 *Conrad Celtis* geboren, von Heinrich III. kaiserlich gekrönter Dichter und Philosoph. Zu den Sehenswürdigkeiten des Ortes gehören das *Amtshaus* (1580), das *Rathaus* (1737) und die Pfarrkirche *St. Johannis* (1785) mit Julius-Echter-Turm, Barockkanzel (1710) und Deckenschmuck von 1740.

Über die Orte *Dächheim, Garstadt* und *Bergrheinfeld* – das gegenüberliegende *Grafenrheinfeld* besitzt ein Atomkraftwerk – führt die Route nach

Schweinfurt, 89 km (s. S. 28).

Auf der B 26 geht es weiter in Richtung Bamberg. Zunächst kommt man nach

Mainberg, 93 km, dessen *Schloß* hoch über Rebhängen geschichtliche Bedeutung hat. Die Burg aus dem 13. Jahrhundert wurde 1305 Sitz der Grafen Henneberg, die sich hier einen Stützpunkt errichteten. Ab 1542 war sie Würzburger Amtssitz. ´In der Pfarrkirche sind der spätgotische Chor (um 1480), die Kanzel (1486) und der Taufstein (1528) aus grünem Sandstein beachtenswert.

Nach der nächsten Gemeinde *Schonungen* folgt die Gemeinde *Theres* mit dem *Schloß* Obertheres, das aus einer um 1000 gegründeten Benediktinerabtei hervorging. – An der Kreisstadt

Haßfurt (225 m; 11 400 Einw.), 111 km, zentraler Ort des Haßberge- und teilweise des Steigerwaldbereiches, führt heute die B 26 als Umgehungsstraße vorbei. Die Stadt hat an baulichen und künstlerischen Schätzen viel zu bieten. Ein besonderes Kleinod ist Tilman Riemenschneiders *Hl. Johannes mit dem Lamm* in der gotischen *Stadtpfarrkirche* (1703). Den geräumigen Marktplatz säumen *Rathaus* (16. Jh.) und schöne Bürgerhäuser. Außerhalb des oberen Stadttores steht die *Ritterkapelle* (1390 begonnen, 1505 vollendet), deren *Chor an der Außenwand und an den Netzgewölben 270 heraldische Schilde aufweist.

❶ Stadtverwaltung, Marktplatz 1, Tel. (0 95 21) 50 41.

🚌 Schweinfurt, Bamberg. – 🚆

🚢 Personenschiffahrt auf dem Main.

⌂ ,,Walfisch‘‘, Obere Vorstadt 8.

⌂, Tennis, Angeln, Eishalle.

Zeil am Main (237 m; 5500 Einw.), 118 km. Die Kirche *St. Michael* (1713), von J. P. Herrlein ausgemalt, überragt das hübsche Städtchen samt seinem von Fachwerk umgebenen Marktplatz mit dem *Rathaus* (1540). Das ehemalige *Jagdschloß* (Finanzamt) ließ Lothar Franz von Schönborn, Bischof von Bamberg, um 1700 erbauen. Viel besucht wird das *Zeiler Käppele*. – 20 ha Rebfläche.

❶ Stadtverwaltung, Marktplatz 8, Tel. (0 95 24) 16 41.

🚌 Schweinfurt, Bamberg. – 🚆.

Weiter auf der B 26, kommt man über die Orte *Steinbach* und *Ebelsbach* nach *Eltmann*. – Die Fahrt führt dann über *Roßstadt, Viereth* und *Bischberg* nach

Bamberg, 145 km (s. Polyglott Reiseführer ,,Franken‘‘).

2

Route 3. „Durch das Weinland der Franken fahren": Gelnhausen – Gemünden – *Karlstadt – **Würzburg – *Marktbreit – *Ochsenfurt – ***Rothenburg ob der Tauber (198 km)

Von der hessischen Barbarossa-Stadt Gelnhausen (ausführliche Beschreibung s. Polyglott-Reiseführer „Spessart, Rhön") aus, über den bekannten Kurort Bad Orb im nördlichsten Spessart führt die Route durch ausgedehnte Laubwaldgebiete an den Main bei Gemünden.

Flußaufwärts beginnt in den Landkreisen Main-Spessart und Würzburg das fränkische Weinland. Die Vogelsburg oberhalb Volkach, romantische Städtchen im Ochsenfurter Gau und an der Tauber lassen diese Fahrt zu einem besonderen Erlebnis werden.

Gelnhausen (141 m; 19 000 Einw.) liegt im Kinzigtal zwischen Spessart und Vogelsberg. Von Friedrich Barbarossa wurde der Ort bereits 1170 zur Freien Reichsstadt erhoben. In der vom Herrscher errichteten *Kaiserpfalz* (im Dreißigjährigen Krieg von den Schweden zerstört; Ruine) tagte 1180 der erste deutsche Reichstag.

Die Türme der *Marienkirche* (Baubeginn um 1170; Hochaltar, Chorgestühl mit Sängerpult, Passionsteppich) überragen den historischen Stadtkern. Das *Heimatmuseum* (am Obermarkt) und das *Grimmelshausen-Hotel* (Schmidtgasse 12) halten die Erinnerung wach an *Hans Jakob Christoffel von Grimmelshausen*, der 1622 hier zur Welt kam und in seinem Roman „Der abenteuerliche Simplicissimus Teutsch" (1669) die Schrecken des Dreißigjährigen Krieges mit der Zerstörung Gelnhausens beschrieb. Das *Romanische Haus* am Untermarkt ist Deutschlands ältestes Amtsgebäude. Ein Denkmal erinnert an *Philipp Reis*, den Erfinder des Telefons, der 1834 in Gelnhausen als Bäckerssohn geboren wurde. Am Obermarkt liegt das aus einer früheren Kaufhalle entstandene *Rathaus* (1333).

Zu den Sehenswürdigkeiten Gelnhausens gehören auch die Türme der *Stadtbefestigung* und das *Heimatmuseum*, sowie der *Stadtgarten* mit der *Godebertuskapelle* (9. Jh.).

❶ Städt. Verkehrsbüro, Obermarkt, Tel. (0 60 51) 82 00-54.

🚲 Frankfurt/Main–Bebra.

🚌 in alle Richtungen.

🏨 „Grimmelshausen", Schmidtgasse 12; „Burgmühle", Burgstraße 2.

⌂ „Schelm von Bergen", Obermarkt 22.

⚠, ⚠. – ▭, ⌐, Tennis, Flugsport, Minigolf.

Auf der B 40 erreicht man über *Biebergemünd-Wirtheim* den Kurort

Bad Orb (170–540 m; 8400 Einw.), 14 km, im Tal des Orbbachs, eines Seitentals der Kinzig, gelegen. Seine Salzquellen wurden schon 1064 urkundlich erwähnt, als Kaiser Heinrich IV. Ort, Burg und Salzbrunnen dem Erzstift Mainz schenkte. 1837 empfahl der Apotheker Leopold Koch zum erstenmal die Quellen für Heilzwecke. Schöne Fachwerkhäuser in der *Haupt-* und *Obertorstraße* geben dem bekannten Herzbad im Spessart malerischen Reiz. Die *St.-Martins-Kirche* aus dem 14. Jahrhundert mit wertvollen Kunstschätzen, die Weihnachten 1983 vollständig ausbrannte, wurde am Christfest 1985 wieder eingeweiht.

❶ Verkehrsverein am Untertor, Tel. (0 60 52) 10 15; Kurverwaltung, Tel. (0 60 52) 83-0.

🚲 Frankfurt/Main und Bebra.

🚌 in alle Richtungen.

🏨 „Steigenberger Kurhaus-Hotel", Horststr.; „Hohenzollern", Spessartstr. 4; „Madstein", Am Orbgrund 1.

🏨 „Haus Marina", Lindenallee 21; „Café Salinenblick", Leopold-Koch-Str. 21; „Stadt Hamburg", Sälzerstr. 3.

⚠. – ▭, ⌐, Tennis, Golf, Minigolf, Reiten, Angeln, Eisstockschießen.

Über *Burgjoß* (207 m; 600 Einw.), 26 km, *Aura im Sinngrund* (280 m; 1200 Einw.), 34 km, und über den Ort *Fellen* (280 m; 1100 Einw.), 37 km, geht es weiter zur Marktgemeinde

Burgsinn (187 m; 3000 Einw.), 42 km, staatlich anerkannter Erholungsort und beliebte Sommerfrische im unteren Sinntal. Die Freiherren von Thüngen, zu deren Besitz der Ort von 1405–1816 gehörte, ließen hier drei Schlösser errichten: die mehrfach umgebaute *Wasserburg* mit einem Bergfried aus dem 10. Jahrhundert, das *Fronhofschlößchen*, das Werner von Thüngen 1607 als Witwensitz für seine Gemahlin im Renaissancestil erbauen ließ, und schließlich am nördlichen Ortsausgang das *Neue Schloß* (Spätrenaissance, 1620), noch heute Wohnsitz einer der Familien von Thüngen. Sehenswert ist auch die 1908 geweihte *katholische Pfarrkirche*, als „Sinntaldom" bekannt.

Burgsinn hat den größten Waldbesitz eines bayerischen Ferienortes. Vier Fünftel der 50 km² großen Gemeindefläche besteht aus Laub- und Nadelwald. 256 km markierte Rund- und Fernwanderwege.

❶ Tourist-Information, Hauptstr. 20, Tel. (0 93 56) 12 93 und 18 18.

🚌 Kassel, Fulda, Frankfurt/Main. DB-Schnellstrecke Hannover–Würzburg für ICE- und IC-Züge; Zwischenbahnhof in Burgsinn.

🚏 Gemünden, Jossa, Bad Orb.

🏠 „Bayerischer Hof", Kirchstr. 23 (mit „Gästehaus Bayernhof").

⌂ „Zum Stern", „Haus Wenzel". – Ferienhäuser und -wohnungen, Urlaub auf dem Bauernhof, Privatzimmer.

🚣 , Tennis, Reiten, Angeln, Schießsport, Wildwasserfahrten auf der Sinn; 200 km markierte Wanderwege, 2 Forstlehrpfade, Trimm-Dich-Pfad.

Sinnabwärts, vorbei an der dichtbewaldeten *Rienecker Koppe* (434 m), erreicht man das malerische

Rieneck (180 m; 2300 Einw.), 49 km, 790 erstmals urkundlich erwähnt, seit dem 13. Jahrhundert Stadt. Das Ortsbild wird beherrscht von der im 12. Jahrhundert von einem mächtigen Adelsgeschlecht der Grafen von Rieneck auf einem Felsvorsprung errichteten *Burg*. Die guterhaltene Anlage, Anfang des 19. Jahrhunderts im neugotischen Stil gestaltet, gehört heute dem Bund der Christlichen Pfadfinderschaft, der hier eine Erholungs- und Bildungsstätte eingerichtet hat. Einmalig in Deutschland ist die *Romanische Kapelle*, die in Kleeblattform in den Dicken Turm der Burg eingelassen ist. Vom Turm aus bietet sich eine reizvolle Aussicht auf die Berge von Spessart und Vorrhön.

❶ Stadtverwaltung, Schulgasse 4, Tel. (0 93 54) 6 42.

🚌 Kassel, Fulda, Frankfurt/Main.

🚏 Gemünden.

🏠 „Gut Dürnhof", 1 km nördlich (mit Hallenbad, Reithalle und Angelsee).

Ferienwohnungen, Urlaub auf dem Bauernhof, Fremdenzimmer.

Über *Schaippach* erreicht man an der Einmündung von Fränkischer Saale und Sinn in den Main die Dreiflüssestadt

Gemünden am Main (155−250 m; 10 200 Einw.), 55 km. Der Bahnknotenpunkt erlitt im Zweiten Weltkrieg schwere Schäden. Das *Rathaus* von 1596 im Stadtkern wurde 1945 vollständig zerstört; an seine Stelle trat ein Neubau. Die spätgotische *Stadtkirche* (1488) wurde im alten Stil wieder aufgebaut. Bemerkens-

3

wert sind auch das *Kloster der Barmherzigen Schwestern vom Heiligen Kreuz* (auch Mädchenbildungswerk) mit der *Kreuzkirche* sowie die *Dreifaltigkeitskirche*, in neuerer Zeit von dem Würzburger Dombaumeister Schädel erbaut.

Wahrzeichen der Stadt ist die auf einer Anhöhe gelegene *Ruine Scherenberg*, die mit der Altstadt durch eine Ringmauer verbunden ist. Der Bergfried aus dem 13. Jahrhundert ist noch gut erhalten (schöner Rundblick). – *Verkehrsmuseum* im *Huttenschloß*.

Im nahen Stadtteil *Adelsberg* ist das *Schloß Adolfsbühl* (1626) sehenswert, in *Seifriedsburg* die *Jakobuskirche* (1407). Im Stadtteil *Wernfeld*, wo die Wern in den Main mündet, steht das *Balthasar-Neumann-Wirtshaus* von 1725, und bei *Gössenheim* erhebt sich die weiträumige *Burgruine Homburg*, die im 11. Jahrhundert entstand.

❶ Tourist-Information, Scherenbergstr. 4, Tel. (0 93 51) 38 30.

☊ Frankfurt/Main, Würzburg, Fulda, Bad Kissingen.

🚍 Aschaffenburg, Wertheim, Bad Kissingen, Bad Orb.

🏨 „Atlantis-Main-Spessart-Hotel", Hofweg 11.

🏨 „Schäffer", Bahnhofstr. 28.

🍵 „Koppen", „Zur Linde".

⛺, 2 🛁. – 🗒, 🍲. – Reiten, Tennis, Minigolf, Rollschuhlaufen, Schießen, Angeln, Flußwandern, Wandern, Planwagenfahrten, Naturlehrpfad.

Im weitgeöffneten Maintail flußaufwärts führt die Route auf der B 26 über *Wernfeld* nach

*Karlstadt (165–316 m; 14 000 Einw.), 70 km, Sitz der Verwaltungsbehörden des großen Main-Spessart-Kreises. Weinbau, Zementwerk und Eisengießerei bilden die wirtschaftliche Grundlage des Ortes. Der Stadtkern ist noch von der mittelalterlichen Befestigung aus dem 13. Jahrhundert (ursprünglich 30 Türme und Tore) umgeben. *Oberer Turm, Brückenturm, Maintorturm* und *Roter Turm* geben Karlstadt von der Mainseite eine altertümlich-malerische Note. Das *Rathaus* von 1422, neu instand gesetzt, mit schönem Treppengiebel und doppelseitiger Freitreppe beherrscht den Marktplatz. Die Ratsstube (1605) im Innern, ein schöner Renaissancesaal, bewahrt Erinnerungsstücke aus dem Dreißigjährigen Krieg wie den Rathaushumpen und

Karlstadt

das Schützenkleinod. Über der Rathausuhr steht das Schwedenmännchen. Im Erdgeschoß des Rathauses lädt der Ratskeller zur Einkehr ein.

Ein moderner Brunnen vor dem Rathaus erinnert an den Chemiker *Rudolph Glauber* (1604–1670), der ebenso wie der Reformator *Andreas Bodenstein* (genannt Dr. Karlstadt, um 1480–1541) und der Geistes- und Naturwissenschaftler *Gustav Schöner* (1477–1547) aus Karlstadt stammt. Das Bildnis des Letztgenannten ziert unsere Tausendmarkscheine (nach einem Gemälde von Lucas Cranach).

Die dreischiffige spätmittelalterliche **Andreaskirche* (nach 1200 begonnen, dann mehrmals umgebaut) birgt mit dem romanischen „Christus Salvator" (1386), der St.-Nikolaus-Figur von Tilman Riemenschneider und einer schönen Barockorgel bedeutende Kunstwerke. Auch die *Spitalkirche* (1438) ist interessant.

❶ Verkehrsamt, im alten Rathaus, Tel. (09353) 8275; Ferienland Main-Spessart, Marktplatz 8, Tel. (0 93 53) 7 93-3 44.

☊ Aschaffenburg, Würzburg, Fulda.

🚍 in alle Richtungen.

🏨 „Alte Brauerei", Hauptstr. 58.

🍵 „Oberes Tor", „Weißes Lamm", „Fehmelbauer".

⛺ in Retzstadt, ⛺.

🗒, 🍲. – Tennis, Rudern, Schießsport, Segel- und Motorflug auf dem Saupurzel, alpiner Klettergarten an der Nonnenburgwand.

In den Karlstädter Stadtteilen *Gambach* und *Stetten* beginnt in größerem Umfang auf Muschelkalkfelsen der Weinbau, der sich über *Retzbach* und besonders in *Retzstadt* (4 km östlich von Retzbach) fortsetzt. In

44

Retzbach (166 m), 78 km, Ortsteil der Gemeinde *Zellingen,* steht an der steil abfallenden Hauptstraße das *Rathaus* mit dem Erkerturm (16. Jh.). Über dem Ort erhebt sich die *Balthasar-Neumann-Kirche* (1738). Die *Benediktushöhe* (heute Gaststätte mit Konferenzräumen) wurde 1810 von Mönchen des Benediktinerklosters Neustadt am Main bewohnt. Im Tal des Retzbaches, auf dem Weg nach Retzstadt, liegt die Wallfahrtskirche *Maria im grünen Tal.* Die erste dortige Ablaßurkunde soll um 1229 stammen, das Gnadenbild auf dem linken Seitenaltar des Chores wird in die Zeit nach 1310 datiert. Die Marien-Bruderschaften veranstalten alljährlich Wallfahrten dorthin.

⌂ ,,Zum Löwen", Untere Hauptstr. 9.

3 km weiter, berührt die B 27 den bedeutenden Weinort

Thüngersheim (178 m; 2500 Einw.), 81 km. Hier ist Weinbau schon seit dem 11. Jahrhundert nachgewiesen. Der Ort hat heute in sonnenklarer Südwestlage an die 280 ha flurbereinigter Weinberge mit den bekannten Lagen ,,Scharlachberg" und ,,Johannisberg". Die sehenswerte *Pfarrkirche* (16. Jh.) wurde im Zusammenhang mit der Erweiterung des Pfarrzentrums außen und innen neu gestaltet. Durch gründlichen Umbau der alten Volksschule entstand neben der Kirche ein stattliches Rathaus. Von der früheren Ortsbefestigung blieben das *Hirtentor* (1588), das *Retzstadter Torhaus* (1609) und das *Würzburger Tor* (1751) erhalten.

Veitshöchheim (178 m; 9300 Einw.), 87 km, ist Sitz der Bayerischen Landesanstalt für Weinbau und Gartenbau. Es ist durch seinen ****Rokokogarten** und das *Schloß,* die ehemalige Sommerresidenz der Würzburger Fürstbischöfe, bekannt. An der Gestaltung des großen Gartens, einer der schönsten Gartenanlagen Deutschlands, mit den vielen Plastiken von J. W. van der Auvera und Ferdinand Tietz haben fast alle Würzburger Fürstbischöfe mitgewirkt. Das Schlößchen wurde 1680–1682 erbaut. 1752 fügte Balthasar Neumann Treppenhaus und zwei Seitenflügel an.

Der 1748 errichtete Kavaliersbau wird heute als *Rathaus* genutzt. Sehenswert ist auch die *St.-Vitus-Kirche* (1690; roman. Turm). Mit den Mainfranken-Sälen besitzt Veitshöchheim ein vorbildlich-modernes Kongreß- und Veranstaltungszentrum am Main.

❶ Gemeindeverwaltung, Kirchstr. 31, Tel. (09 31) 9 00 96-39.

⛴ Würzburg, Gemünden.

🚢 im Sommer regelmäßige Personenschiffahrtsverbindungen mit Würzburg.

⌂ ,,Am Main". – ⌂ ,,Ratskeller".

⌐, Tennis, Bootsverleih.

Die Bundesstraße 27 führt zwischen der Bundesbahnstrecke und der bekannten Würzburger Weinlage ,,Stein" auf der neuen Umgehungsstraße zum Straßenknotenpunkt ,,Europastern" unterhalb der Universitätskliniken. Dort zweigt auch die B 8 in Richtung Kitzingen ab. Unsere Route folgt jedoch der B 19 in nordöstlicher Richtung nach *Estenfeld.* Hinter der Autobahnauffahrt Würzburg/ Estenfeld zweigt man rechts ab in Richtung Volkach. Zuerst geht es durch die engen Ortsdurchfahrten von *Kürnach* und *Prosselsheim,* Gemeinden mit intensivem Ackerbau, und von dort zu einem der schönsten Aussichtsplätze im westlichen Franken, zur

Vogelsburg (284 m), 116 km, einer Ausflugs- und Tagungsstätte, die dem Augustinerorden gehört, mit einem Weinbergbesitz. Einst vorgeschichtliche Fliehburg der Kelten, kam die Anlage über das Kloster Fulda (879) in den Besitz der Grafen Castell, die hier 1282 ein Karmelitenkloster als Erbbegräbnis stifteten. Dieses wurde 1525 im Bauernkrieg zerstört. Das wiedererrichtete Kloster kam dann 1803 durch die Säkularisation in Privatbesitz und vor einigen Jahren schließlich in den Besitz des Augustinerordens.

Die nächsten Punkte dieser Route **Volkach, Sommerach, Schwarzach* und *Kitzingen sind in der Route 2 beschrieben.

Hinter *Kitzingen-Etwashausen* wird die B 8 überquert und man fährt auf der neuen Umgehungsstraße an *Hohenfeld* und *Marktsteft* vorbei nach

*Marktbreit (209 m; 3600 Einw.), 146 km. Das mittelalterliche Städtchen war bis in das 18. Jahrhundert ein wichtiger Schiffsumschlagplatz für Getreide und Naturstein. Zeugen früheren Wohlstands sind das *Rathaus* von 1597 im Stil der Spätrenaissance, mit reichgegliedertem Ostgiebel und getäfeltem Trauungssaal, das prächtige *Maintor* (1606), das den Breitbach überbrückt, die barocken Handels- und Bürgerhäuser, der Malerwinkel mit seinem Fachwerk und das *Schloß* der Grafen von Seinsheim-Hohenlohe. Bemerkenswert ist auch die evangelische *Nikolaikirche,* entstanden aus einer Friedhofskapelle (um 1438).

Marktbreit: Maintor

❶ Stadtverwaltung, Marktstr. 4, Tel. (0 93 32) 30 57 und 17 74.

🚉 Würzburg, Nürnberg.

🏨 „Löwen", Marktstr. 8.

5 km flußabwärts liegt die ehemalige Kreisstadt

*Ochsenfurt (192 m; 11 500 Einw.), 152 km. Um acht eingemeindete Nachbarorte vergrößert, hat Ochsenfurt seine Bedeutung als zentraler Ort des nach wie vor landwirtschaftlich orientierten, sehr fruchtbaren Ochsenfurter Gaues noch verstärkt.

Das **Rathaus* mit Staffelgiebel an den Schmalseiten, 1484–1496 erbaut und 1513 erweitert, hat als heutiges Kuriosum unter seiner Freitreppe noch zwei vergitterte ehemalige Gefängnisverliese. Die Spieluhr im Rathausturm wurde 1560 von dem Würzburger Hans Sycher für 120 Gulden konstruiert: Die Wappentiere der Stadt, zwei Ochsen, stoßen sich beim Stundenschlag mit den Hörnern. Darunter spricht der Bürgermeister zum Volk, die Stadtjungfrau zeigt das fränkische Wappen. Der Rathaussaal hat große Wandgemälde, darunter eine Darstellung der Stadt von 1623. Hier wird auch der Ochsenfurter Kauzen aufbewahrt, ein Trinkgefäß in Form einer Eule, das zwei Liter faßt. Es wurde, mit Wein gefüllt, dem Mitglied des Würzburger Domkapitals beim Besuch gereicht.

Ältester Bauteil der Stadtpfarrkirche *St. Andreas* ist der sechsgeschossige Turm (1288), Chor und Langhaus stammen aus dem 14. Jahrhundert, zwei Seitenkapellen wurden später angefügt. Sehenswert sind der Renaissance-Hochaltar von 1612, das 18 m hohe Sakramentshäuschen von 1498 sowie eine Nikolaus-Figur von Riemenschneider.

Beachtung verdienen auch die *Michaelskapelle* (um 1400 begonnen), die *Spitalkirche* (um 1500), das *Stadtmuseum* im Schlößchen an der Alten Mainbrücke (15. Jh.), das ehemalige *Palatium* des Domkapitels (1491) und das *Trachtenmuseum* im Greisinghaus (Spitalgasse). Die *Stadtbefestigung* ist mit mehreren Türmen und drei mächtigen Toren größtenteils erhalten.

❶ Verkehrsbüro, Hauptstr. 39, Tel. (0 93 31) 58 55 und 97 49.

🚉 Würzburg, Ansbach, München. – 🚌.

🏨 „Bären", Hauptstr. 74.

🏨 „Zum Schmied von Ochsenfurt", Hauptstr. 26.

△, ⚐. – Tennis, Reiten, Wandern.

Man folgt nun der B 13 in Richtung Uffenheim. Auf der rechten Seite, nach der Kauzenbrauerei, steht die spätgotische *Wolfgangskapelle*, 1463 begonnen, die Wallfahrtskirche der Reiter, mit Votiv-Hufeisen, St.-Wolfgang-Statue von 1480 und Kanzel von 1551.

Auf dem Scheitelpunkt der steilen Anhöhe zweigt unsere Route dann rechts ab über *Hopfenstadt* und *Oellingen* nach

Aub (300 m; 1800 Einw.), 166 km, im Tal der Gollach. An der alten Heerstraße Frankfurt – Nürnberg – Augsburg gelegen, war der Ort im Mittelalter ein Handelszentrum. Sehenswert sind der historische *Marktplatz* mit Mariensäule, das *Rathaus* mit Pranger (1489), die *Stadtpfarrkirche* von 1503 mit barockem Hochaltar und besonders wertvoller Kreuzigungsgruppe von Tilman Riemenschneider; außerdem das *Pfründerspital* mit neugotischer Spitalkirche, das *Jagdschloß* der Fürstbischöfe von 1510 und die *Stadtmauer* mit Wehrtürmen aus dem 14. Jahrhundert.

Bei *Röttingen* (s. Route 5) erreicht man die Romantische Straße, die in südöstlicher Richtung über *Creglingen* (Herrgottskirche mit berühmtem **Marienaltar von Tilman Riemenschneider) und *Detwang* (*Passionsaltar von Riemenschneider) nach ****Rothenburg ob der Tauber* (198 km) führt (Beschreibung s. Polyglott-Reiseführer „Romantische Straße").

46

Route 4. Durch das Werntal und das Tal der Fränkischen Saale: *Karlstadt – Arnstein – Werneck – Schweinfurt – Bad Kissingen – Hammelburg – *Karlstadt (112 km)

Die Route 4 verläuft zunächst im Landkreis Main-Spessart und führt dann in die Landkreise Schweinfurt und Bad Kissingen in eine ruhige, wechselvolle Landschaft, die mitgeprägt wird vom Tal der Wern und der Fränkischen Saale.

Von *Karlstadt* geht es auf der B 26 in östlicher Richtung nach dem Ortsteil *Stetten* im Werntal, 7 km, einer bekannten Weinbaugemeinde. Freigelegte Gräber lassen hier auf frühe Besiedlung (4000 v. Chr.) schließen. Die Pfarrkirche (1311 erwähnt) war die Urpfarrei des unteren Werngrundes.

Thüngen (235 m; 1300 Einw.), 9 km. Sein *Schloß* ist einer der Stammsitze eines berühmten fränkischen Adelsgeschlechtes: der Freiherren von Thüngen. Nach der Zerstörung im Bauernkrieg entstanden seit 1564 die heutigen Bauten mit Renaissance- und Barockelementen bis hin zum zierlichen Rokokopavillon. Zur Thüngenschen Brauerei (seit 1846) gehört das sogenannte ,,Burgsinner Schloß" mit Gaststätte.

Die außen sehr einfach gehaltene Dorfkirche *St. Kilian* (von 1860) besitzt einen wertvollen spätgotischen Hochaltar. Die Predella und die gotischen Bogen des Altaraufbaues zeigen Szenen aus dem Leben des hl. Franziskus von Assisi.

Die Werntalstraße führt dann durch drei nahe beieinander liegende Ortschaften: *Binsfeld* (mit besonders alten restaurierten Bildstöcken und der St.-Nikolaus-Kirche von 1615), *Halsheim* (mit klassizistischem Kirchenbau St. Sebastianus, 1835 teilweise umgestaltet) und *Müdesheim*, die Heimat des Ritters Ulrich von Müdesheim (mit Rokokokirche St. Markus und St. Ulrich, Turm von 1573).

Links der Wern liegt *Reuchelheim*. Seine Rokokokirche mit schieferblauem Zwiebelturm (1750) wird im Innern durch das Hochaltargemälde der Taufe Christi beherrscht. Durch das Straßendorf *Heugrumbach* mit der Kirche St. Margaretha (barocke Christusfigur im Kreuzgewölbe des Chores) am Hang über dem Ort gelangt man schnell nach

Arnstein (230 m; 7650 Einw.), 20 km, seit 1333 Stadt. Hier spielt das Adelsgeschlecht derer von Hutten (seit 1350) eine beherrschende Rolle. Mittelpunkt des Ortes ist das hochgelegene *Schloß*, die frühere Amtsburg der Würzburger Bischöfe, die von 1292 bis zur Säkularisation hier mitbestimmten.

Arnsteins schönster Profanbau ist das *Huttenspital*, gestiftet 1558 von dem hier geborenen Moritz von Hutten, dem späteren Eichstätter Bischof und Würzburger Dompropst. Baumeister Joseph Greising gestaltete das Spital in den Jahren 1713–1730 gründlich um.

Eine besondere Kostbarkeit Arnsteins ist die Wallfahrtskirche *Maria Sondheim*, die Begräbniskirche derer von Hutten. Mit ihrem Bau wurde 1445 begonnen. Sie war die großangelegte Urkirche des oberen Werngrundes. Die wertvollen Buntglasfenster entstanden 1480, das Sakramentshäuschen 1464, der Kruzifixus mit dem überlebensgroßen Corpus Anfang des 16. Jahrhunderts, das Deckengemälde ,,Maria und die Seeschlacht von Lepanto" im Jahre 1770. Die Ölbergfiguren werden der Schule Tilman Riemenschneiders zugeschrieben. Unter den Huttengrabmälern verdient das Grabmal Philipps von Hutten († 1546) von Loy Hering besondere Beachtung.

🛈 Stadtverwaltung, Tel. (0 93 63) 2 53.

🚄 Karlstadt, Schweinfurt, Würzburg.

⌂ Mehrere Gasthöfe. – 🖼.

Weiter auf der Werntalstraße in Richtung Schweinfurt führt eine neue Umgehungsstraße an *Gänheim* vorbei, einem noch zu Arnstein gehörenden Ortsteil. Seine im 14. Jahrhundert begonnene, 1639 niedergebrannte Kirche wurde Ende des 17. Jahrhunderts neu errichtet. Der Turm stammt noch vom ersten Kirchenbau. 1970/71 wurde das Gotteshaus erweitert.

Als nächster Ort liegt *Zeuzleben* am Weg, wo in letzter Zeit umfangreiche archäologische Ausgrabungen vorgenommen wurden. Dann ist man gleich in

Werneck (221 m; 10 000 Einw.), 31 km. Der Ort am Wernknie ist bekannt durch das dreiflügelige *Schloß*, das als reifster Profanbau Balthasar Neumanns gilt und der Würzburger Residenz in manchem

Schloß Werneck

ähnelt. Bereits Fürstbischof Julius Echter hatte im Jahre 1600 hier ein neues Schloß erbauen lassen, da das alte im Bauernkrieg zerstört worden war. Doch erst unter Fürstbischof Friedrich Karl von Schönborn wurde es nach Plänen Balthasar Neumanns 1734–1744 vollendet. Die geschickte Gruppierung der Nebengebäude steigert die Wirkung des prachtvollen Hauptbaues, dessen innerer Hof von zwei den Seitenflügeln vorgesetzten Türmen beherrscht wird. 1856 nahm das Schloß eine Klinik auf, die heute vom Bezirk Unterfranken unterhalten wird. Ferdinand Tietz schuf die Figuren auf der Gartenterrasse, darunter Allegorien der Erdteile. Der ursprünglich französische Garten wurde im vorigen Jahrhundert in einen englischen Park umgewandelt.

Die *Schloßkirche* (1745 stuckiert) hat ihre alte Ausstattung bewahrt. Stuck und Schmuck des Hochaltars schuf Antonio Bossi, die Seitenaltäre und Kanzel stammen von Materno Bossi (um 1786).

❶ Markt Werneck, Balthasar-Neumann-Platz 8, Tel. (0 97 22) 22-0.

🚉 Nächste Bahnstation Waigolshausen.

🚌 Würzburg, Schweinfurt, Karlstadt.

🏨 „Krone-Post", Balthasar-Neumann-Platz 2. – ◻.

Man bleibt auf der B 26 und erreicht über das bäuerlich geprägte *Ettleben* und *Bergrheinfeld* (4500 Einw.) die Stadt

Schweinfurt, 44 km (Stadtbeschreibung s. S. 28).

Man verläßt die Stadt in nordwestlicher Richtung auf der Bundesstraße 286, die ab *Poppenhausen* (327 m; 3600 Einw.),

bekannt durch seine große Landbrauerei, auf einer Strecke von 6 km mit der B 19 identisch ist. Über *Oerlenbach* (Garnison des Bundesgrenzschutzes) und *Arnshausen* kommt man in die weltbekannte Kurstadt

Bad Kissingen (201 m; 23 000 Einw.), 68 km. Die sechs heilkräftigen Quellen, von denen Rakoczy-, Pandur-, Maxbrunnen und Luitpoldsprudel die wichtigsten sind, machen den Ruf Bad Kissingens aus, dazu die Fränkische Saale direkt an den Kuranlagen und die grüne Kulisse der dichtbewaldeten Vorrhön.

Das bedeutende Heilbad (Magen-, Darm-, Leber-, Galle- und Stoffwechselerkrankungen, Rheuma, Herz- und Frauenleiden) verdankt seinen europäischen Ruf dem bayerischen Königshaus Wittelsbach und der Prominenz der führenden Herrscherhäuser Europas (u. a. Kaiser Franz Joseph I. und Kaiserin Elisabeth von Österreich, Zar Alexander II. von Rußland und Kaiserin Auguste Viktoria), die sich hier Ende des 19. Jahrhunderts traf.

Bad Kissingens Geschichte spiegelt sich auch in seinen Sehenswürdigkeiten in der Altstadt, wo es im Geschäftsviertel guterhaltene Häuser-Ensembles aus dem Mittelalter zu sehen gibt. Dazu gehören das *Alte Rathaus* von 1577 am Markt, die *St.-Jakobus-Kirche*, eine quadratische Anlage aus der Zeit von 1772–1775, sowie der *Heussleinsche Hof* (das heutige Rathaus), 1709 von Johann Dientzenhofer erbaut. Große Teile der Altstadt sind Fußgängerzone.

Die gärtnerisch schön gestalteten *Kuranlagen*, auch der *Palmengarten* am Hochufer der Saale und der *Luitpoldpark* sind vom Straßenlärm abgeschirmt. Dicht beisammen liegen *Wandelhalle* und Quellenausschank, der eindrucksvolle Konzert- und Ballsaal im *Regentenbau* mit Unterhaltungs- und Leseräumen, die Wasserspiele im prachtvollen *Rosengarten*. Kurtheater, Spielbank.

Ausgedehnte ebene Spazierwege bieten sich an: in die Au oder entlang der Saale, die man bis zur *Oberen Saline* auch mit dem Motorboot befahren kann.

Ende Juni wählt Bad Kissingen seine *Rosenkönigin*, letzten Wochenende im Juli wird das *Rakoczyfest* mit einem historischen Festzug begangen.

❶ Staatliche Kurverwaltung, Am Kurgarten 1, 8730 Bad Kissingen, Tel. (09 71) 80 48 34.

🚌 Gemünden, Schweinfurt, Würzburg.

🚌 in alle Richtungen; Postkutschenfahrten nach Bad Bocklet und Aschach.

🚢 Bootsfahrten auf der Fränkischen Saale.

🏨 ,,Steigenberger Kurhaus-Hotel", Am Kurgarten 3; ,,Kurotel 2002", von-der-Tann-Str. 18; ,,Bristol", Bismarckstr. 8; ,,Dorint Hotel Bad Kissingen", Frühlingstr. 1.

🏨 ,,Kurhotel Das Ballinghaus", Martin-Luther-Str. 3; ,,Kissinger Hof", Bismarckstr. 14.

⛺ Euersdorfer Str. 1 (1. 4.−15. 10.), Tel. (09 71) 50 11.

🏊, 🎿. – Tennis, Golf, Minigolf, Reiten, Segel- und Motorfliegen; 96 km markierte Wander- und Kurwege, 30 km Reitwege, 4 markierte Radwanderwege.

Weiter auf dem rechten Saaleufer kommt man 7 km flußabwärts durch das bewaldete Tal nach *Euerdorf* (203 m; 1250 Einw.), 75 km, dessen Tor und Rundmauer aus der Zeit von Fürstbischof Julius Echter (um 1575) stammen. Älter ist das Zehnthaus (15. Jh.).

Die *Trimburg* in *Elfershausen-Trimberg* wurde 1018 bereits erwähnt, sie kam 1279 als Wehrburg gegen Fulda und die Henneberger in würzburgisches Besitz. Im 19. Jahrhundert wurde sie Ruine.

Hammelburg (183 m; 12 300 Einw.), 86 km, ist ein altes Weinbauzentrum, überragt von *Schloß Saaleck* (mit Weingut).

Drei *Stadttürme* erinnern noch an das Mittelalter. Die katholische *Stadtpfarrkirche* (mit sehenswerter Madonna von Jakob van der Auvera) stammt aus gotischer Zeit. Vor dem *Rathaus* (1524−1526; Renaissance-Stufengiebel) steht der hübsche *Marktbrunnen* (1541). Ein Zeugnis des Barocks ist das *Kellereischloß* (1725−1731). Das *Franziskanerkloster Altstadt* (1649) ist Sitz der Bayerischen Musikakademie.

❶ Tourist-Information; Hammelburg, Postfach 1220, Kirchgasse 4, 8783 Hammelburg, Tel. (0 97 32) 8 02 49.

🚢 Gemünden, Bad Kissingen.

🚌 Würzburg, Bad Kissingen.

🏨 ,,Schloß Saaleck".

🏨 ,,Zum Engel", Marktplatz 12; ,,Bayerischer Hof", Bahnhofstr. 51; ,,Hotel-Pension Nöth", in Morlesau.

⛺ Roßmühle bei Morlesau.

🏊, 🎿. – Fahrradverleih.

Über *Weyersfeld, Höllrich* und *Heßdorf* führt unsere Route nach *Gössenheim* (1000 Einw.), 102 km, mit der Ruine der *Homburg (11.−14. Jh.; Gaststätte dabei) am Etzberg (308 m), einer der großartigsten Burgruinen Frankens.

Über *Eußenheim* (mit Julius-Echter-Kirche von 1617, Amtskeller von 1638 und dem Brückenheiligen St. Nepomuk auf der Wernbrücke) geht es schließlich zurück nach *Karlstadt, 112 km.

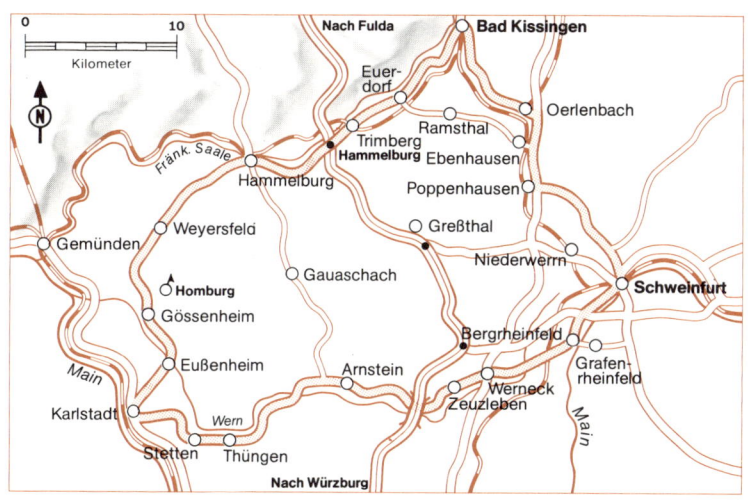

Zu Badisch-Franken gehört die Gegend um Tauberbischofsheim. Die Winzer dort dürfen ihren Wein in den original fränkischen Bocksbeutel füllen, nicht jedoch die vom Umland des württembergischen Bad Mergentheim. Das ganze Taubergebiet bis hinauf nach Rothenburg ist uraltes Siedlungsland. Fast alle Gemeinden traten zwischen dem 7. und 10. Jahrhundert in die Geschichte ein. Volkskultur und Weinkultur haben im „Madonnen-Ländle" einen hohen Stellenwert.

Man verläßt **Würzburg* über die Löwenbrücke und die Mergentheimer Straße (B 19). Bei der Einfahrt in den Stadtteil *Heidingsfeld* muß man nahe am Main bleiben, um die richtige linksmainische Ausfahrt in Richtung Ochsenfurt zu erreichen. Sie führt durch die enge Ortsdurchfahrt von *Wintershausen*, dann über die Bahnlinie Würzburg – Lauda – Stuttgart hinweg nach *Großmannsdorf*. Bald taucht *Ochsenfurt* (s. Route 3) auf.

Vor der engen Eisenbahn-Unterquerung zur Stadt biegt man von der Kreisstraße rechts ab in das 4 km entfernte ehemalige Klosterdorf

Tückelhausen (192 m; 280 Einw.), 20 km, das heute zu Ochsenfurt gehört. Das auf einem Bergrücken liegende frühe Prämonstratenserkloster (1138) ging mit seinem ganzen Besitz 1350 an den Kartäuserorden über. Im Dreißigjährigen Krieg wurde es unersetzlicher Kunstwerte beraubt, während der Säkularisation wurde der Klosterbesitz vom Staat eingezogen und ging in private Hände über. Das schwere Barocktor (1695), der Gästebau, der Marien- und Georgsbrunnen im Klosterhof, die Mönchszellen mit dem Arbeitsraum erinnern noch an vergangene Zeiten wie auch die Inschrift am Hausrelief „Hieronymus mit dem Löwen": „Die Welt ist mir ein Kerker, die Einsamkeit das Paradies".

Die in Kreuzform errichtete *Klosterkirche* mit vier hohen Renaissancegiebeln wurde baulich mehrfach verändert. Das schöne Portal von 1615 zeigt den Drachentöter St. Georg. Der Rokoko-Hochaltar von Wolfgang van der Auvera (1758), die Kanzel und das Chorgestühl sind besondere Kostbarkeiten.

Wie fast alle Orte im fruchtbaren, wohlhabenden Ochsenfurter Gau (die besten Böden Bayerns) besitzt auch die Gemeinde

Gaukönigshofen (283 m; 2000 Einw.), 24 km, eine prächtig ausgestattete *Kirche*, 1724–1730 nach Plänen von Matthias Kolb erbaut. An der Innengestaltung wirkten Ferdinand Dietz, Johann Georg van der Auvera, Materno Bossi, in neuerer Zeit auch Heinz Schiestl (Kreuzwegstationen) mit. Das Deckengemälde von J. A. Urlaub, den Engelsturz darstellend, hat auch nach zwei Jahrhunderten von seiner Ausdruckskraft nichts verloren.

In dem 5 km entfernten *Euerhausen* (spätmittelalterlicher Kirchturm abseits des Langhauses von 1730) wird die B 19 wieder erreicht. Von dort sind es, an den hohen Getreidespeichern von *Riedenheim* vorbei, 12 km nach

Röttingen (248 m; 1700 Einw.), 41 km, das im 13. Jahrhundert mit seinen Bauten und seiner Befestigung ein Kleinod des deutschen Mittelalters war. 1275 erhielt der Ort Stadtrecht. *Hundheimer Turm*, Mauerreste vom *Schneckenturm* und der eigenartige *Jakobsturm* sind noch Zeugen dieser Vergangenheit wie auch die *Stadtmauer*. An der ehemaligen Ritterburg *Brattenstein* (im Burghof von Mitte Juli bis Mitte August Festspiele) endet. Die Pfarrkirche *St. Kilian* mit Grabmälern aus dem 13. Jahrhundert, das barocke *Rathaus* mit dem Uhrturm von 1750 und hübsche Fachwerkhäuser prägen den Ort, der 1953 feierlich zur ersten Europastadt der Bundesrepublik proklamiert wurde. – *Weinbaumuseum*.

Das 3 km entfernte, eingemeindete *Tauberrettersheim* (50 ha Rebland) ist vor allem durch seine von Balthasar Neumann konstruierte *Steinbrücke* über die Tauber bekannt. Die neugotische *Kirche* (um 1600) hat einen älteren Turm. Über dem Dorf steht die *Maria-Hilf-Kapelle* mit schöner Aussicht über das Taubertal.

❶ Rathaus, Tel. (0 93 38) 2 08.

🚌 Würzburg, Bad Mergentheim.

⌂ „Zum Ochsen", Marktplatz 6; „Rebstöckle", Rothenburger Str. 2.

Zwischen Röttingen und Weikersheim passiert man die Landesgrenze zwischen Bayern und Baden-Württemberg.

Schloß Weikersheim

*Bad Mergentheim (210 m; 20 000 Einw.), 59 km, Kurstadt und ehemalige Residenz des Deutschen Ritterordens. 1058 erstmals urkundlich erwähnt, 1340 als Stadt bezeugt, wurde Mergentheim 1219 dem Deutschen Ritterorden übergeben und war von 1525–1809 Residenz der Hoch- und Deutschmeister. Die alten Heilquellen entdeckte 1826 ein Schäfer wieder. 1829 wurden Brunnen- und Badhaus gebaut. 1926 erhielt der Ort das Recht, sich Bad zu nennen.

Die bedeutenden Baudenkmäler der Stadt liegen dicht beieinander: das *Deutschordensschloß* (1568–1628; mit *Deutschordensmuseum* und *Schloßkirche*), das *Rathaus* (1564) am langgestreckten repräsentativen Marktplatz, die Stadtpfarrkirche *St. Johannes* (um 1300) und die *Marienkirche* (14. Jh.; mit gotischen Fresken).

5

Zu den 13 Stadtteilen Bad Mergentheims gehört neben dem Weinort *Markelsheim* auch das 6 km südlich gelegene *Stuppach* mit einem bedeutenden Kunstwerk des Mathis Gotthard Neidhard, genannt Grünewald, der ***Stuppacher Madonna*. Das Bild wurde als Mittelstück des Flügelaltars der Maria-Schnee-Kapelle in der Aschaffenburger Stiftskirche gemalt. 1519 waren die drei Altartafeln vollendet. Sie blieben jedoch nicht in Aschaffenburg. Ein Flügel gelangte nach Freiburg, der andere (übermalt) nach Schleisheim. Das Mittelstück kam zunächst ins Mergentheimer Deutschherrenschloß. Bei seiner Ausräumung 1809 blieb es im Gerümpel zurück. Der junge Pfarrer Blumenhofer von Stuppach erahnte seinen Wert und erwarb es für seine Pfarrkirche. Lange galt es als ein Werk von Rubens. Erst 1908 entdeckte die Kunstforschung das Stuppacher Bild als eines der großartigsten Werke des Meisters Mathis.

*Weikersheim (230 m; 7400 Einw.), 48 km, ist der Stammsitz der Herren von Hohenlohe, die im Taubergrund seit dem 12. Jahrhundert nachweisbar sind, 1429 in den Grafenstand und 1744 zu Reichsfürsten erhoben wurden. Ihre Residenz bestimmt heute noch das Gesicht des Ortes. Der Marktplatz mit der gotischen *Stadtpfarrkirche* (1414), den barocken *Amtshäusern* und den um 1720 erbauten niedrigen *Zirkelhäusern*, in denen einst die Schloßbediensteten wohnten, leitet hin zum **Schloß* mit dem Rittersaal (Kassettendecke mit Jagdszenen), Wohngemächern und Spiegelkabinett und mit sich anschließenden figurengeschmückten *Schloßpark*. Im Schloß trifft sich im Sommer europäischer Musikernachwuchs zu gemeinsamen Konzerten.

❶ Verkehrsamt im Rathaus, Tel. (0 79 34) 72 72.

🚃 Lauda–Ulm.

🚌 Bad Mergentheim, Würzburg, Rothenburg o. d. T.

🏨 „Laurentius", Marktplatz 5; „Deutschherrenstuben", Marktplatz 9.

🏠 „Zur Krone", Hauptstr. 24; „Grüner Hof", Marktplatz 10.

Am Weinort *Markelsheim* vorbei wird unterhalb der Burgruine Neuhaus *Igersheim* erreicht, ein Ort, der sich für Familienurlaub empfiehlt. Auf der B 19 gelangt man dann nach

❶ Städtisches Kultur- und Verkehrsamt, Marktplatz 3, Tel. (0 79 31) 5 71 35.

🚃 Strecke Lauda–Crailsheim.

🚌 Creglingen, Füssen, Lauda, Weikersheim, Würzburg u. a.

🏨 „Park Hotel", Lothar-Daiker-Str. 6; „Kurhotel Victoria", Poststr. 2.

🏨 „Kurhotel Steinmeyer", Wolfgangstr. 2.

🏠 „Wilder Mann", Reichengasse 6.

△ Kaiserstr. 8 (ganzjährig).

⚤ „Willinger Tal". – 🏊 Solymar mit Wellen- und Sportbad, Tennis, Reiten, Golf.

Von Bad Mergentheim sind es 12 km nach

Lauda-Königshofen (192 m; 15 000 Einw.), 71 km. Die Tauberstraße berührt zunächst *Königshofen*, das im Bauernkrieg in die deutsche Geschichte einging. Auf dem Turnberg fand dieser Krieg am 3. Juni 1525 ein blutiges Ende: Mehr als 4000 Bauern wurden vom bündischen Ritterheer niedergemacht.

Heute bildet Königshofen zusammen mit Lauda einen gewerblichen Schwerpunkt im mittleren Taubertal. Die ,,Königshöfer Messe" (alljährlich im September) gehört zu den großen Volksfesten der Gegend.

Lauda war von 1506−1803 fürstbischöflich-würzburgische Amtsstadt. Das Rathaus von 1591, Haus-Madonnen im Strahlenkranz und schöne Bürgerhäuser mit Erkern erinnern an die Vergangenheit. Durch das Staatliche Rebgut am Alten Berg und die ,,Taubergründer Weintage" hat Lauda zur Wiederbelebung der Rebkultur an der Tauber viel beigetragen.

Zu Lauda-Königshofen zählt auch der bekannte Weinort *Beckstein*, der sich in einem nahen Seitental als Straßendorf präsentiert.

Wer einen Abstecher ins *Wittbachtal*, nach Gerlachsheim und Grünsfeld, unternehmen will, muß es von hier aus tun. Das Kloster in *Gerlachsheim* (1 km) war von 1717−1803 mit dem Kloster Oberzell bei Würzburg verbunden. Sehenswert ist die barocke Klosterkirche. *Grünsfeld* (6 km) besitzt ein um 1570 erbautes Fachwerk-Rathaus. Im Nachbarort *Grünsfeldhausen* steht die romanische Achatius-Kapelle (12. Jh.), die aus zwei verschieden großen achteckigen Bauten besteht, über deren Verbindung sich ein schlanker achteckiger Turm erhebt. Ihr ähnelt die Sigismundkapelle bei *Oberwittighausen* (15 km).

Von Lauda-Königshofen führt die Tauberstraße in die Kreis- und Bundeswehrgarnisonstadt

Tauberbischofsheim (178 m; 12 500 Einw.), 77 km. Der Königshof, der hier im 6. Jahrhundert entstand, kam um 725

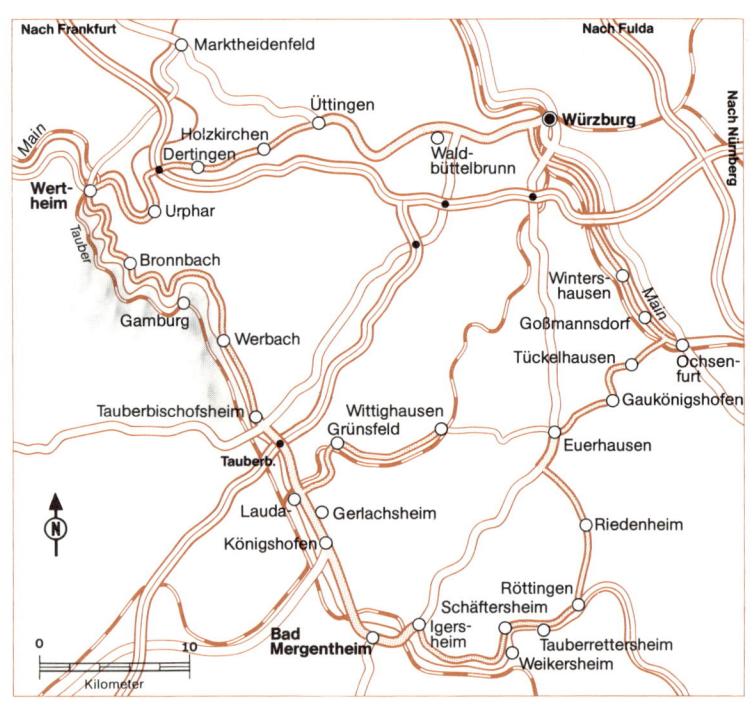

als Schenkung an den hl. Bonifatius, der in Mainz seinen Bischofssitz nahm. Dieser errichtete hier ein Frauenkloster und bestellte seine Mitarbeiterin Lioba zur Äbtissin, mit der Aufgabe, Töchter des englischen und des fränkischen Adels zu erziehen. Auf Bischof Bonifatius geht also der Name des Ortes zurück, der 1285 als Stadt erwähnt wird. Im Bauernkrieg 1525 wurde das ,,Bischofsheimer Fähnlein'' beim Sturm auf die Würzburger Festung aufgerieben. Bald verlor Tauberbischofsheim alle seine Rechte und fiel in die Bedeutungslosigkeit einer Landstadt zurück. Heute ist es Hauptstadt des wichtigen Main-Tauber-Kreises.

Das Stadtzentrum wird von der neugotischen Pfarrkirche *St. Martin* (1910 bis 1914) beherrscht, die wertvolle Kunstwerke aufweist wie das Sakramentshäuschen von 1448, den Marienaltar aus dem frühen 16. Jahrhundert und Schnitzwerke aus der Werkstatt Tilman Riemenschneiders. Man besuche auch das interessante *Heimatmuseum* im Kurmainzischen Schloß.

❶ Stadtverwaltung, Marktplatz 8, Tel. (0 93 41) 8 03 13.

🚗 Frankfurt, Lauda, Ulm.

🚌 Würzburg, Bad Mergentheim, Hardheim.

🏨 ,,Henschker'', Bahnhofstr. 18; ,,Am Brenner'', Goethestr. 10. – △ (125 B.)

🏊, ⛵, Tennishalle.

Die Tauber windet sich nun in zahlreichen Flußschleifen. Über *Werbach* und *Gamburg* mit gleichnamiger Burg (heute Schulungsstätte für angehende Landwirtschaftsmeister und Sprachschule für deutsche Aussiedler aus dem Osten) geht es nach *Niklashausen* und schließlich nach

Bronnbach, 97 km. Seine alte Zisterzienserabtei wurde 1151 gegründet. Die 1222 geweihte *Klosterkirche*, eine dreischiffige spätromanische Pfeilerbasilika, enthält Altar und Chorgestühl aus Renaissance und Barock. An die Kirche schließt sich südlich der Kreuzgang aus spätromanischer und frühgotischer Zeit an; an seiner Nordseite der Konventsbau mit dem spätromanischen Kapitelsaal, an der Ostseite das Refektorium.

Bronnbach gehört zur Gemeinde *Reichholzheim*, bekannt durch ihren Weinbau. Die Barockkirche des Ortes wurde 1673 von dem Würzburger Baumeister Joseph Greising errichtet.

Nur 6 km weiter und man ist schon in **Wertheim (s. Route 1) und an der Mündung der Tauber in den Main. Im nahen *Urphar* verdient die romanische Wehrkirche einen Besuch (s. Route 1).

Gleich hinter Urphar werden auf der neuen Umgehungsstraße der Ort *Bettingen* (das Würzburger Zehnt- und Kelterhaus steht unter Denkmalschutz) und die Unterführung der Autobahn Frankfurt—Würzburg passiert. Der nächste Ort an der waldgesäumten Kreisstraße ist das Weindorf *Dertingen*, das früher unter Apilo von Dertingen geschichtliche Bedeutung hatte und heute mit seiner Wehrkirche (Turm aus romanischer Zeit) noch ein kulturgeschichtliches Bauwerk aus alten Zeiten besitzt.

Über *Wüstenzell* im Aalbachtal wird *Holzkirchen* erreicht, von 775—1802 Sitz eines Benediktinerklosters. Hier war die einzige fuldaische Klosterschule im mainfränkischen Raum tätig. Bauernkrieg und Dreißigjähriger Krieg zerstörten die Klosteranlagen. Das heutige Konventsgebäude stammt aus der Zeit um 1700. Die kleine klassizistische Kuppelkirche (1730) ist eine Schöpfung Balthasar Neumanns. Der Kreuzgang zeigt noch Skulpturenschmuck aus dem frühen 12. Jahrhundert.

🏨 ,,Hotel Benedictushof''.

Im nächsten Ort, in *Üttingen*, stößt man wieder auf die B 8 und biegt rechts ab in Richtung Würzburg. Auf den letzten 20 km liegen noch die Gemeinden *Roßbrunn-Mädelhofen* und – nach der nahen Autobahn-Auffahrt auf der rechten Seite – *Waldbüttelbrunn*. Zuletzt kommt man in die Würzburger Vorortgemeinde

Höchberg (264 m; 9250 Einw.), 135 km, einen Ort, der sich in den letzten drei Jahrzehnten als Wohngemeinde und als Gewerbegebiet bedeutend vergrößerte. Das frühere Häcker- und Bauerndorf fügte in sein Wappen der goldenen Lilie der ehemaligen Grundherrschaft, dem Stift St. Burkard, auch Feldhacke und Dreschflegel hinzu.

Höchberg war schon im Mittelalter Marienwallfahrtsort. Das Gnadenbild der *Kirche* entstand um 1470, der Hochaltar um 1773. Am Patroziniumstag treffen sich die Gläubigen der Pfarreien des Dekanats links des Mains noch zu einer Friedenswallfahrt. – 🏨 ,,Frankenhof''.

Auf der B 8 und der B 27, die hier ineinander münden, ist man dann über die Höchberger Straße oder über den Leistengrund schnell in **Würzburg, 139 km.

Route 6. Durch das Weinland am Rande des Steigerwaldes: **Würzburg – *Kitzingen – Iphofen – Rüdenhausen – *Prichsenstadt – Gerolzhofen – Schweinfurt – Arnstein – **Würzburg (138 km)

Der Steigerwald liegt als Erholungslandschaft verkehrsgünstig zwischen den vier Städten Würzburg, Schweinfurt, Bamberg und Nürnberg. Am westlichen Steigerwald auf schweren Keuperböden gedeiht besonders extraktreich der Frankenwein.

Von **Würzburg* aus über die Nürnberger Straße kommt man auf der B 8 zunächst nach *Rottendorf* und unterquert vor dem folgenden Ort *Biebelried* die Autobahn Würzburg–Nürnberg. Beim Kitzinger Vorort *Repperndorf* passiert man die ,,Gebietswinzergenossenschaft Franken", die drittgrößte Weinerzeugergemeinschaft der Bundesrepublik (50 Mill. Liter Lagerkapazität). Dann folgt die große Kreisstadt *Kitzingen* (s. S. 38).

Im Vorland des 472 m hohen *Schwanbergs* taucht nun das Städtchen

Iphofen: Rödelseer Tor

Mainbernheim (230 m; 2200 Einw.), 26 km, auf. Seine Anfänge lassen sich bis in das 6. Jahrhundert zurückverfolgen. Kaiser Barbarossa erhob es 1172 zum Reichsdorf. 1382 erhielt es durch König Wenzel Stadtrecht und Befestigung. Die verbliebenen Reste dieser Befestigung wurden in jüngster Zeit erneuert, so daß sich Mainbernheim heute mit seinen 21 Toren und Türmen noch ganz mittelalterlich präsentiert. Sehenswert sind auch die *evangelische Pfarrkirche* (1732; Turm aus dem 13. Jh.), das *Renaissance-Rathaus* von 1548, der *Friedhof* mit dem schönen Portal (1546) und einer freistehenden Kanzel (1618) beim Eingang.

🛈 Stadtverwaltung, Rathausplatz 1, Tel. (0 93 23) 2 36.

🚆 Würzburg, Nürnberg.

🏨 ,,Zum Falken", Herrnstr. 27.

Von Mainbernheim sind es nur 4 km auf der B 8 nach

Iphofen (250 m; 4000 Einw.), 29 km, bereits seit 1293 Stadt. Ihr Kern ist heute noch von Wehrmauern, Türmen und Toren umringt. Iphofen ist vor allem durch seine berühmten Weinlagen am Schwanberg (250 ha) bekannt, die zu den besten Frankenweinen gehören. Aus Iphofen kam der Krönungswein für die englische Königin Elisabeth II. Das 1716 entstandene *Rathaus* mit seiner Freitreppe prägt den geräumigen Marktplatz. Die Pfarrkirche *St. Veit* ist ein spätgotischer Bau; sein Sterngewölbe wird von schlanken Säulen getragen. Das heute von der Stadt verwaltete *Bürgerspital* (1338 gegründet, 1607 von Fürstbischof Julius Echter neu ausgestattet), die *Kapitelskellerei*, der *Zehntkeller*, das *Rentamt* gehören zu den weiteren Sehenswürdigkeiten. Nicht zu vergessen das vielfotografierte *Rödelseer Tor* (1455), das *Mainbernheimer Tor* und das *Einersheimer Tor* (zwischen 1533 und 1548 entstanden). – *Kulturhistorische Sammlung und Knauf-Museum*. Weinfest am 2. Juli-Wochenende.

🛈 Stadtverwaltung, Marktplatz 1, Tel. (0 93 23) 30 95.

🚌 Nächste Bahnstation Kitzingen.

🚆 Kitzingen, Würzburg.

🏨 ,,Zehntkeller", Bahnhofstr. 12.

🛏 ,,Krone", Marktplatz 2.

⚠ – 🏞, Tennisplätze.

Von Iphofen aus empfiehlt sich ein Abstecher nach *Mönchsondheim* (7 km südöstlich). Hier entstand 1981 durch private Initiative das *Fränkische Bauern- und Handwerksmuseum* in der Kirchenburg Mönchsondheim. Ländliche Gerätschaften und Werkstatteinrichtungen.

Rödelsee (250 m; 1500 Einw.), 33 km. Es verfügt über 100 ha Rebland. Zwei *Kirchen* in der Dorfmitte (beide 1770 erbaut), das ehemals *Crailsheimsche Schloß* (heute Sitz und Kelterstation der Gebietswinzergenossenschaft Franken) sowie das Castell-Rüdenhausensche Wirtshaus *Zum Löwen* mit farbigem Wappenschmuck sind interessante Geschichtszeugen des Ortes. Im Ortsteil *Fröhstockheim* bewohnt die Familie von Crailsheim seit 1531 ein *Wasserschloß*.

Von Rödelsee aus lohnt sich ein Ausflug auf den 475 m hohen, weithin sichtbaren *Schwanberg.* Das *Schloß Schwanberg,* das man auf einer kurvenreichen Fahrstraße erreicht, ist heute Sitz der Communität Casteller Ring, einer Gemeinschaft weltlicher evangelischer Schwestern. Stimmungsvolle Kapelle, Fürstengräber im Park; Turmcafé.

❶ Gemeindeverwaltung, Tel. (0 93 23) 34 43. – 🏠 Gästehäuser Stegner und Sulzbacher.

Nach Rödelsee folgt auf der Kreisstraße am Fuße des Schwanbergs entlang der freundliche Winzerort *Wiesenbronn* (297 m), 38 km, der sich durch seinen Rotwein-Anbau einen Namen gemacht hat.

Rüdenhausen (298 m; 700 Einw.), 41 km, ist seit der Teilung der Grafschaft Castell (1794) Stammsitz der Familie Castell-Rüdenhausen. Neben dem klassizistischen *Schloß* mit zwei gotischen Rundtürmen bestimmen alte Fachwerkhäuser und die von 1708−1712 erbaute *Pfarrkirche* (wertvolle Etaphien im Innern) das Ortsbild.

Castell (320 m; 480 Einw.), 44 km. Die Grafen und (seit 1901) Fürsten zu Castell-Castell wurden bereits 1057 urkundlich erwähnt. Das dreiflügelige *Barockschloß,* aus Steigerwald-Sandstein 1687−1691 erbaut, ist von den stattlichen Bauten des fürstlichen Domänenamtes und einem englischen Park umgeben. In der Galerie sind tausend Jahre alte Urkunden zu sehen. Der Treppenturm auf dem Schloßberg ist ein Rest der alten Stammburg. Das Wahrzeichen Castells ist die 1784−1792 errichtete *evangelische Pfarrkirche,* ein klassizistischer Saalbau, der zu den beachtlichsten Lösungen protestantischen Kirchenbaus in Franken zählt.

Alljährlich am 3. und 4. Juli-Wochenende wird im Schloßpark das Casteller Weinfest gefeiert.

6

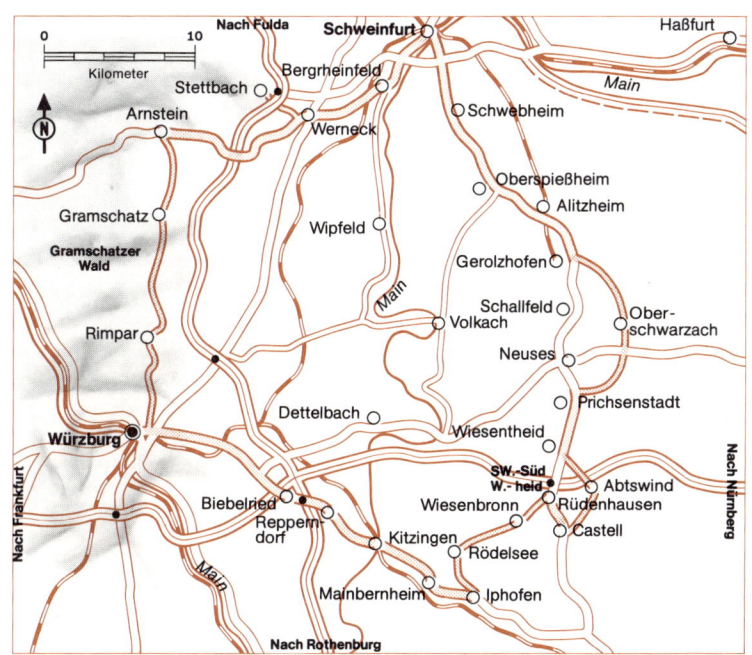

Das landwirtschaftlich geprägte kleinere *Greuth* und der Fremdenverkehrs- und Winzerort *Abtswind* (290 m; 700 Einw.), 48 km, mit seinen beiden alten Befestigungstoren liegen dann am Wege. In Abtswind wurde 1971 der erste Weinlehrpfad in Franken gelegt. Von hier aus lohnt sich eine Wanderung auf den 463 m hohen *Friedrichsberg*. Das Castellsche Jagdschlößchen mit Waldschänke ist in 45 Minuten zu erreichen.

Wiesentheid (249 m; 3670 Einw.), 52 km, ist die dritte Gemeinde im vorderen Steigerwald mit dem Sitz eines alten Grafengeschlechtes. Hier befindet sich die Graf von Schönbornsche Hauptverwaltung.

Mitten im Ort liegt das mächtige Geviert des von Rundtürmen flankierten *Schlosses*, an dem seit Anfang des 17. Jahrhunderts gebaut wurde, auch nach Plänen von Rudolf Franz Erwein von Schönborn (1677–1754), dem Neffen des Mainzer Kurfürsten Lothar von Schönborn. Bamberger Künstler statteten den Ballspielsaal und den Kapellengang aus, auch den Spiegelsaal mit seinen kostbaren Möbeln und Bildern. 1860 wurde der englische Park angelegt. Die Pfarrkirche *St. Mauritius* entstand 1727–1729 nach Plänen von Balthasar Neumann. Die Scheinarchitektur an Wand und Decke schuf 1728 Francesco Marchini.

❶ Rathaus, Tel. (0 93 82) 3 74.

*Prichsenstadt (260 m; 3000 Einw.), 54 km. Dieser 1367 zur Stadt erhobene Ort hat seine mittelalterliche Befestigung mit Teilen des Stadtgrabens fast geschlossen bewahrt. Durch das vom trutzigen Rundtürmen flankierte *Vorstadttor* (Westtor) kommt man durch die Altstadt mit eng aneinander gebauten Bürgerhäusern zum mächtigen *Inneren Stadttor*, dem ehemaligen Ostturm, der heute die Stadtmitte markiert. Gleich dahinter steht das hochgiebelige *Rathaus*, ein Fachwerkbau aus dem Jahre 1682. Auch *Eulenturm*, ehemaliges *Badhaus* und *Pfarrkirche* mit Turm aus dem 14. Jahrhundert (auf dem Friedhof eine Freikanzel) erinnern an die historische Vergangenheit der ehemaligen Handels- und Gewerbestadt. – Straßenweinfest im Juni. – 33 km Wanderwege.

❶ Rathaus, Tel. (0 93 83) 4 53.

�) Nächste Bahnstation Kitzingen.

🚌 Gerolzhofen, Schweinfurt, Kitzingen.

⌂ Gasthöfe; Ferienwohnungen. Rundwanderwege. Naturlehrpfad.

Man sollte nun in Richtung Gerolzhofen nicht die B 286 über *Neuses* benutzen, sondern – um die teils noch mit Weinbergen begrünte Landschaft kennenzulernen –, von Prichsenstadt aus über die liebenswerten Dörfer *Kirchschönbach* (zweigeschossiges Schloß, heute Mädchenfürsorgeheim) und *Altenschönbach* (Bergfried von 1525, Kirche von 1496 mit wappenbemalter Holzdecke von 1604), weiter über *Siegendorf, Oberschwarzach* und *Wiebelsberg* durch den westlichen Steigerwald fahren.

Gerolzhofen (235 m; 6700 Einw.), 69 km, ehemalige Kreisstadt, geht bis auf das 10. Jahrhundert zurück und besitzt imponierende Zeugen aus vergangenen Jahrhunderten. Mittelpunkt der Altstadt ist der *Steigerwalddom* (Grundsteinlegung 1436), ein dreischiffiger, gotischer Säulenraum mit prächtigen Altären, zu denen auch Tilman Riemenschneider und Johann Peter Wagner, die bedeutendsten Bildhauer Frankens im 17. und 18. Jahrhundert, einen Beitrag geleistet haben. Die *Johanniskapelle* entstand im Jahre 1497, das mächtige *Oberamtshaus* 1580, das *Brauhaus* 1604. Im *Alten Rathaus* ist u. a. Bayerns erstes *Schulmuseum* untergebracht. Von der mittelalterlichen Stadtbefestigung sind noch erhalten *Weißer Turm*, *Eulen-* und *Bibraturm*.

❶ Verkehrsamt, Altes Rathaus, Marktplatz 20, Tel. (0 93 82) 2 61.

🚌 Schweinfurt.

🏨 ,,An der Stadtmauer", Rügshöfer Str. 25.

⌂ „Wilder Mann", Marktplatz 2.

🏊, 🛶, Tennisplätze, Minigolf. – Stadthalle, Bibliothek im Haus des Gastes (Bürgerspital), Ferienparadies Geomaris, Weinproben.

Auf der B 286 geht es an *Alitzheim*, *Oberspießheim* und *Schwebheim* vorbei nach *Schweinfurt* (s. S. 28).

Unsere Route folgt dann in westlicher Richtung über *Bergrheinfeld* und *Werneck* bis *Arnstein* dem in Route 4 beschriebenen *Werntal*. In südlicher Richtung geht es nun weiter über *Gramschatz* (schöne alte Dorfkirche) fast 10 km durch Gramschatzer Wald zur Marktgemeinde *Rimpar* (226 m; 6750 Einw.; ehemaliges Sommerschloß Fürstbischof Julius Echters, moderne Mehrzweckhalle; 🏊), 129 km. Die letzten Kilometer führen im Pleichachtal über den Würzburger Stadtteil *Versbach* zurück nach *Würzburg*, 138 km.

56

Route 7.   Durch den Steigerwald: Haßfurt/Eltmann – Ebrach – Geiselwind – Schlüsselfeld – Neustadt an der Aisch – Bad Windsheim – Uffenheim – Sugenheim – Scheinfeld – Burghaslach (152 km)

In den Steigerwald führt diese Route und hier hauptsächlich in den Landkreis Neustadt/Aisch-Bad Windsheim, in ,,Frankens gemütliche Ecke''. Das waldreiche Wanderland mit 68 Einwohnern pro km² nur dünn besiedelt.

Haßfurt (s. Route 2) und **Eltmann** (230 m; 3500 Einw.) sind Ausgangspunkte der *Steigerwald-Höhenstraße*. Neben der *Pfarrkirche* in Eltmann sollte man sich die barocke *Heilig-Kreuz-Kapelle* von 1768 und, etwas außerhalb, die *Ruine Walburg* anschauen. Vor allem die 5 km nordwestlich gelegene Wallfahrtskirche *Maria Limbach (1755) von Balthasar Neumann ist eine Besichtigung wert.

Die Steigerwald-Höhenstraße ist nun Leitstrecke unserer Fahrt. Nach dem waldumrahmten Ort *Unterschleichach* folgt das ebenfalls ganz von Laubmischwald umgebene *Fabrikschleichach* mit einem Glasfabrikgebäude aus dem 18. Jahrhundert. Über *Untersteinbach* wird

Ebrach (342 m; 1900 Einw.), 22 km, erreicht. Der anerkannte Erholungsort im Tal der Mittleren Ebrach und an der B 22, ringsum von Wald und Wiesen umgeben, besitzt in der Kirche und den Gebäuden der ersten rechtsrheinischen Zisterzienser-Abtei auf deutschem Boden (1127 gegründet) die bedeutendste Sehenswürdigkeit des Steigerwaldes.

Die *Klosterkirche* wurde 1200 begonnen und 1282 geweiht. Sie gilt als klassisches Beispiel der Zisterzienser-Architektur und wird als großartiger Kirchenbau der Frühgotik in Deutschland bezeichnet. Die dreischiffig gewölbte Basilika erhebt sich über einem kreuzförmigen Grundriß. Der Chor wird von zwölf Kapellen umgeben. Letzter Bauteil war die Westfassade mit der farbprächtigen 7,6 m breiten Fensterrose von 1280. Das Original befindet sich im Bayerischen Nationalmuseum in München. Auf der Empore unter der Rosette steht die große Barockorgel, 1743 von J. Seuffert gebaut und 1984 restauriert. Um 1760 wurden durch Joh. Chr. Köhler die original erhaltenen Chororgeln errichtet. Sie erklingen zu den weltbekannten Ebracher Orgelkonzerten.

Kloster Ebrach

Im späten 18. Jahrhundert wurde das Kircheninnere klassizistisch umgestaltet. Neben Bamberger Künstlern war hierbei auch der Würzburger Hofstukkateur Materno Bossi beteiligt. Von ihm stammen auch der Hochaltar und die zehn Seitenaltäre aus Stuckmarmor im Langhaus, für die Peter Wagner die Figuren schuf. Das gewaltige Hochaltarblatt zeigt die Himmelfahrt Mariens. Hinter dem Hochaltar befinden sich Grabmonumente aus dem Mittelalter. Sehenswert sind das Chorgestühl mit Holz- und Alabasterreliefs aus dem Leben Christi, der Bernhardusaltar von Veit Dümpel (1626) und die plastische Darstellung des Pfingstwunders von G. B. Brenno (1696) im Querschiff sowie die Michaelskapelle.

Die der Kirche angefügten barocken *Klosterbauten* entstanden in zwei Etappen, nämlich von 1687–1698 und von 1715–1735. Die Baumeister waren Leonhard Dientzenhofer (gest. 1707), nach seinem Tod Joseph Greising und Balthasar Neumann, auf den der prächtige Treppenaufgang des Empfangshauses und der reich ausgestattete Kaisersaal zurückgehen. Seit dem Jahre 1851 wird die gesamte Anlage als Strafvollzugsanstalt genutzt.

Ebrach ist Sitz des Naturparks Steigerwald und des Gebietsausschusses Steigerwald im Fremdenverkehrsverband Franken (s. S. 17).

❶ Verkehrsamt, im Rathaus, Tel. (0 95 53) 2 17.

🚃 Bamberg, Würzburg.

⌂ „Klosterbräu", Marktplatz 4.

△. – **⚎** Jugendzeltplatz. – **🛏**.

Von Ebrach nach Geiselwind sind es 11 km. Auf der abwechslungsreichen Berg- und Talfahrt bietet sich nach 3 km, in *Großgressingen*, ein Besuch der Pestkirche St. Rochus von 1694 an. Nach dem Ort *Buch* folgt *Großbirkach*, wo man auf jeden Fall anhalten sollte, denn die ottonische Taufkirche in romanischem Stil mit quaderdickem Mauerwerk enthält sehenswerte Kunstwerke. Das Relief Johannes des Täufers mit zwei vornehmen Laien, das älteste Werk romanischer Plastik in weitem Umkreis, geht auf die Zeit von 1036–1046 zurück. Sehr schön ist die Waldlandschaft gebettet liegt der Ort *Füttersee* mit Kaiereiche und einem Kirchenaltar aus der Riemenschneider-Werkstatt. Von hier aus ist man bald in

Geiselwind (344 m; 2000 Einw.), 33 km. Die Marktgemeinde ist Mittelpunkt von 15 Ortsteilen und durch seine direkte Anbindung an die Autobahn Würzburg–Nürnberg auch ein bedeutender Fremdenverkehrsort. Den weiträumigen Marktplatz säumen das *Rathaus* (16. Jh.) und Fachwerkhäuser.

Die *Pfarrkirche* (Chor 12. Jh.) ist von einem ehemaligen Wehrfriedhof umgeben. Im Ortsmittelpunkt steht der sagenumwobene *Nepomukbrunnen*. Kinder erfreut ein *Vogel-, Pony- und Märchenpark*.

❶ Marktverwaltung im Rathaus, Tel. (0 95 56) 2 92.

🚃 Kitzingen.

⌂ „Gasthof Zum Lamm"; „Gasthof Krone", „Gasthof Stern". – Ferienwohnungen.

Rundwanderwege.

Entlang der Reichen Ebrach führt die Route über *Wasserberndorf* nach

Aschbach (310 m; 970 Einw.), 40 km, Ortsteil von Schlüsselfeld, mit seinem bekannten Feriendorf „Steigerwald" (28 komplett eingerichtete Bungalows für jeweils 4–6 Personen), das weithin sichtbar am Hang liegt. Aschbach gilt als frühe Siedlung (um 800 gegründet), 1156 wurde sie zur Pfarrei erhoben. In der *katholischen Pfarrkirche* befindet sich ein Engelaltar aus der Ebracher Michaelskapelle, in der *evangelischen Kirche* ein

prachtvoller Schnitzaltar mit der Muttergottes im Hauptschrein und biblischen Szenen der Flügel, ein um 1500 entstandenes Werk. Das *Schloß* in Aschbach ist von 1611 bis heute Stammsitz der Freiherrn von Pöllnitz.

❶ siehe Schlüsselfeld.

🚃 Bamberg.

⌂ „Gasthof Mach", Hauptstr. 15.

🛏 geheiztes Terrassenfreibad, Tennis, Minigolf.

Schlüsselfeld (310 m; 5100 Einw.), 45 km, ist ein bekannter Urlaubsort im Herzen des Steigerwaldes. Alte Befestigungsmauern umgeben teilweise noch den mittelalterlichen Stadtkern. Sehenswert ist der mächtige *Torturm* mit dem Außenwerk (16. Jh.). Auf dem weiten Marktplatz stehen das ehemalige *Amtshaus* (1626), das *Rathaus* (1723) und der *Petrusbrunnen* (1715). All diese historischen Bauten atmen die Verbundenheit mit den Würzburger Fürstbischöfen Rudolf von Scherenberg und Julius Echter. Schlüsselfeld war östlichster Grenzort des Hochstifts Würzburg, ehe es 1810 zu Bayern kam. Die gotische *Pfarrkirche* besitzt einen prachtvollen Hochaltar mit der Darstellung von Maria Verkündigung, ein Werk von Oswald Onghers aus Mecheln.

❶ Stadtverwaltung, Marktplatz 5, Tel. (0 95 52) 70 66.

🚃 Bamberg, Erlangen.

🏠 „Storch", Marktplatz 20; „Amtmann-Bräu", Kirchplatz 1.

🛏. – Naturlehrpfad.

In Schlüsselfeld verläßt man den Ebrachgrund. Es geht jetzt in südwestlicher Richtung über *Niederndorf* nach

Burghaslach (354 m; 2000 Einw.), 50 km, einem Marktflecken mit zwölf Ortsteilen, wegen seiner ruhigen Lage in waldreicher Umgebung ein bevorzugter Urlaubsort. Der Turm der gotischen *Pfarrkirche* aus dem 17. Jahrhundert steht wegen des sumpfigen Untergrundes auf einem Rost von 150 Pfählen. Hauptsehenswürdigkeit ist das kleine *Barockschloß* der Grafen von Castell.

❶ Gemeindeverwaltung, Kirchplatz 12, Tel. (0 95 52) 10 18.

🚃 Neustadt/Aisch.

⌂ „Rotes Roß", Kirchplatz 5.

🛏. – Tennisplätze.

Weiter geht es auf der Steigerwald-Höhenstraße über *Breitenlohe* mit seinem guterhaltenen Wasserschlößchen, über *Hombeer* und *Abtsgreuth*, an der Undungmühle vorbei, dann über *Mittelsteinach* zu dem zentralen Ort im Steinachtal, der Marktgemeinde

Münchsteinach (353 m; 1270 Einw.), 62 km. Hier entstand in den Jahren 1965−1970 dank der Kunst der Restauratoren die romanische *Kirche* (1130) des ehemaligen Benediktinerklosters, deren Langhaus jahrhundertelang zum Hopfenspeicher degradiert war (nur der Chor wurde als Kirche weiterbenutzt), in alter Schönheit wieder. Auch die romanische Wandbemalung und Teile des Lettners konnten gerettet werden. Das frühere *Abtschlößchen* (17. Jh.) wurde renoviert, und aus einer alten Scheune in schönem Fachwerk wurde das neue Gemeindezentrum.

❶ Bürgermeisteramt, Tel. (0 91 66) 2 10.

Neustadt an der Aisch (292 m; 11 200 Einw.), 71 km. Die im Kreuzungspunkt der B 8 (Würzburg−Nürnberg) und der B 470 (Aischtalstraße) gelegene Kreisstadt war schon im Mittelalter wegen ihrer günstigen Verkehrslage ein bedeutender Handelsplatz. Die zollernschen Markgrafen legten bereits im 13. Jahrhundert die „Neue Stadt“ neben dem frühmittelalterlichen Riedfeld an. Teile der alten Stadtmauer mit dem 35 m hohen *Nürnberger Tor*, das spätbarocke, nach Kriegszerstörung wiederaufgebaute *Rathaus*, die gotische *Stadtpfarrkirche* (mit Hohenzollerngruft und wertvoller Kirchenbibliothek) und das markgräfliche *Wasserschloß* sind Zeugen einer reichen Vergangenheit. Sehenswert ist auch das *Heimatmuseum*.

Eine Küchenspezialität sind Aischgründer Karpfen.

❶ Stadtverwaltung, Marktplatz 5, Tel. (0 91 61) 20 51.

🚆 Würzburg−Nürnberg; Neustadt a. d. A.−Steinach. – 🚌.

🏨 „Römerhof“, Richard-Wagner-Str. 15; „Roter Adler“, Riedfelder Ortsstr. 34; „Aischtal-Hotel“, Ostendstr. 29.

Urlaub auf dem Bauernhof.

🏊. – Tennis, Reiten.

Am westlichen Ausgang von Neustadt an der Aisch biegt man auf die B 470 ein, erreicht zunächst *Dietersheim* und 2 km weiter *Dottenheim*, beides Orte mit großen alten Kirchen. Der folgende Markt *Ipsheim* wurde durch seinen Weinbau bekannt (30 ha Rebgelände, Neupflanzungen durch die Staatliche Hofkellerei Würzburg). *Lenkersheim* mit beachtenswerter Kirche und schönen Fachwerkhäusern gehört zu

Bad Windsheim (314 m; 12 000 Einw.), 89 km, ehemals Freie Reichsstadt (bis 1803), nach 1900 Kurort, seit 1961 offiziell „Bad“ (Rheuma, Stoffwechselkrankheiten, Erkrankungen der Atemwege, Erschöpfung. 30 ha großer Kurpark).

Die Altstadt hat ländlich-heiteren Charakter. Die reizvollen Fachwerk- und Barockensembles entstanden zumeist nach der großen Feuersbrunst vom 3. Dezember 1730. Das stattliche *Rathaus* (1713−1717), in italienischem Barock aus Gipsquadern und rotem Schilfsandstein erbaut, ziert ein Laubengang. Die ursprünglich gotische Stadtpfarrkirche *St. Kilian* (zwei Riemenschneider-Altäre fielen hier den Flammen zum Opfer) wurde barock erneuert. Die *Seekapelle* (1402) beherbergt eine Nachbildung des

12-Boten-Altars von Riemenschneider. Die *Ratsbibliothek* (nicht zugänglich) im Chor des ehemaligen Augustiner-Eremiten-Klosters umfaßt 6000 Bände vom Mittelalter bis zur Barockzeit. Zeugnisse aus der Stadtgeschichte bewahrt das *Stadtmuseum* im Ochsenhof (1537), Zeugen der Frühzeit das *Vorgeschichtsmuseum* in der Alten Lateinschule (1573).

Am Südrand der Altstadt breitet sich das *Fränkische Freilandmuseum* aus (Bauernhäuser, Mühlen, Scheunen, alte Bauerngeräte). Es ist in drei Dorfgruppen gegliedert: Westliches Mittelfranken mit dem angrenzenden Unterfranken, Nürnberger Land, und südliches Mittelfranken mit Altmühltal und Fränkischem Jura.

❶ Kurverwaltung, im Rathaus, Tel. (0 98 41) 9 04-40 und 9 04-41.

🚃 Würzburg, Nürnberg, Rothenburg.

🚌 Neustadt, Oberzenn, Steinach.

🏨 „Kurhotel Residenz", Erkenbrechtallee 33; „Am Kurpark", Oberntiefer Str. 40.

🏨 „Reichels Parkhotel", am Kurpark; „Zum Storchen", Weinmarkt 6; „Goldener Schwan", Rothenburger Str. 5.

🏊, ⛵. – Tennis, Minigolf, Flugsport.

Unsere Route führt nun auf einer Nebenstraße in westlicher Richtung weiter. Hinter *Ergersheim* fährt man in *Neuherberg* auf die B 13 („Romantische Straße") und dann über *Rudolzhofen* nach

Uffenheim (335 m; 5500 Einw.), 105 km. Der Ort wurde 1347 durch die Hohenloher Grafen zur Stadt erhoben. Vom ehemaligen mittelalterlichen Befestigungsring sind noch einige Wehrtürme und zwei Tore erhalten: das *Ansbacher Tor* und das *Würzburger Tor*. Im Stadtbild findet man schöne Ensembles wie das *Erkerhaus* („Scherenhof"). Das alte *Wasserschloß*, Wohnung des Oberamtmannes, ist ein Bauwerk des späten Mittelalters. Die Stadtkirche *St. Johannis* entstand 1713; nach der Kriegszerstörung im April 1945 wurde sie im ursprünglichen Stil wieder aufgebaut. Heimatkundliche Sammlungen zeigt das *Heimatmuseum*. Am Wochenende um den 1. Mai begeht Uffenheim sein Walpurgisfest.

❶ Verkehrsamt, im Rathaus, Tel. (0 98 42) 80 01.

🚃 Würzburg—München.

🚌 Bad Windsheim, Neustadt an der Aisch, Scheinfeld, Rothenburg o.d.T.

🏨 „Grüner Baum", Marktplatz 14.

🏠 „Traube", Marktplatz 3. – ⚠.

Über *Ulsenheim, Herbolzheim* und *Krautostheim* geht es noch einmal in den Naturpark Steigerwald zurück. In *Deutenheim* ist die hochgelegene kleine Pfarrkirche beachtenswert (11. Jh.).

Sugenheim (320 m; 2400 Einw.), 125 km, ist ein zentraler Ort mit 7 Ortsteilen. Von der mittelalterlichen Befestigung blieb das *Mittlere Tor* von 1602 erhalten. Am Ortsausgang steht in einem Park das *Alte Schloß* aus dem 16. Jahrhundert, daneben das *Neue Schloß* vom Anfang des 18. Jahrhunderts (Privatbesitz). – 7 km weiter, an der B 8, folgt

Markt Bibart (316 m; 1550 Einw.), 132 km. Die Marktgemeinde besitzt eine von dem Würzburger Fürstbischof Julius Echter 1615 gestiftete *Kirche*. Die zwölf Apostel an der Orgelbühne stammen noch aus der Echter-Zeit, die Altäre sind Schöpfungen des späten Rokoko.

Scheinfeld (314 m; 4550 Einw.), 136 km, lädt dann zum Verweilen ein. 1405 erwarb Erkinger von Seinsheim, der Stammvater des Hauses Schwarzenberg, Schloß und Ort Scheinfeld, das jahrhundertelang schwarzbergische Amtsstadt war. Das *Obere Tor* ist Zeuge der alten Stadtbefestigung. Der schlichte Bau der spätbarocken *Pfarrkirche* im Ortskern, 1766–1771 nach Plänen des Würzburger Hofbaudirektors Geigel erbaut, und das spätgotische Kruzifix von 1484 stehen im Kontrast zum Formenreichtum des Rokoko-Hochaltars von F. M. Mutschele aus Bamberg.

Die Stadt wird überragt vom *Schloß Schwarzenberg* (seit 1951 Landschulheim), das Goethe zum Schauplatz der ersten Szene seines „Götz von Berlichingen" machte. Das im 17. Jahrhundert nach Plänen von Elias Holl erbaute Schloß (1900–1902 wiederhergestellt) geht auf eine ältere Anlage zurück. Der Hauptbau mit sieben Giebeln und seitlichen Erkertürmchen steht möglicherweise auf den Resten der alten Schildmauer. Die *Schloßkirche* (um 1612 erbaut, 1616 von Fürstbischof Julius Echter geweiht, nach 1900 renoviert) schmückt ein Hochaltar von 1615. Das Deckengemälde schuf 1901 der Münchner G.Schachinger. – 🏨 „Posthorn", „Schrotmühle".

Am Schwarzenberger Forst entlang, über *Schnodsenbach, Zeisenbronn, Rosenbirkach, Kirch-* und *Oberrimbach* endet die Route in *Burghaslach*, 152 km.

Die Haßberge sind die Fortsetzung des Steigerwaldes nach Norden. Zwischen Haßfurt und Ebelsbach durchbricht der Main die beiden bewaldeten Höhenzüge, die auch den gleichen Untergrund aufweisen, den hellen Keupersandstein, der hier in Steinbruchbetrieben gebrochen wird. Das Gebiet ist industriell längst nicht erschlossen, eine ruhige, erholsame Gegend also mit zahlreichen Schlössern, Burgen und Ruinen. Ein Drittel der 39 Herrensitze in Unterfranken stehen im Haßbergland.

Von *Haßfurt* aus (s. Route 2) mainaufwärts über *Ebelsbach* (225 m; 3500 Einw.), 15 km, geht die Fahrt, das Maintal in nördlicher Richtung verlassend, zunächst in den Ebelsbacher Ortsteil *Gneisenau* mit dem Schloß des Domdekans Otto Groß von Trokenau (1772/73 erbaut). Im folgenden Ort *Breitbrunn* verdient der frühmittelalterliche Chorbau der Kirche Erwähnung.

Kirchlauter (333 m; 1430 Einw.), 24 km, die nächste Gemeinde am Wege, hat ein Schloß der Freiherrn von Guttenberg (von 1689). Die Sakristei der Pfarrkirche geht auf die frühe 14. Jahrhundert zurück. – 8 km sind es dann über *Goggel-Gereuth* und *Salmsdorf* nach

Rentweinsdorf (270 m; 1400 Einw.), 32 km, das durch das *Schloß* der Freiherrn von Rotenhan (seit 1231 im Familienbesitz) bekannt ist. An der Stelle einer Wasserburg entstand Mitte des 18. Jahrhunderts nach Plänen von J. D. Steingruber aus Ansbach und J. M. Küchel die elegante dreiflügelige Rokokoanlage mit reichen Stuckarbeiten im Innern. Die Orangerie, seltenes Beispiel eines Gewächshauses des 18. Jahrhunderts, ließ Johann Wilhelm Freiherr von Rotenhan 1711 errichten. Vor dem Schloß befinden sich noch Wehranlagen und Türme aus der Zeit um 1520. Die um 1600 erbaute *Pfarrkirche* des Ortes erhielt 1743 eine neue Ausstattung.

❶ Rathaus, Tel. (0 95 31) 7 46.

Nur 4 km entfernt folgt auf der B 279 die frühere Kreisstadt

Ebern (269 m; 6850 Einw.), 36 km. Ihr altfränkischer Stadtkern besitzt ein schönes *Fachwerk-Rathaus* (1664), dessen Erdgeschoß sich mit vier Rundbogen auf Säulen zum Markt hin öffnet.

Die *Stadtpfarrkirche*, eine spätgotische, dreigeschossige Hallenkirche aus der 2. Hälfte des 15. Jahrhunderts, wurde in den Jahren 1887–1892 in neugotischem Stil restauriert. Sehenswert sind der prächtige Barockaltar im nördlichen Seitenschiff, die Renaissance-Kanzel von 1585 und der Taufstein (um 1600). Vier Ecktürme der Altstadt-Befestigung sind noch erhalten: *Gänsturm, Diebsturm, Storchturm* und *Pfarrgartenturm*. Interessante Sammlungen zeigt das *Heimatmuseum*.

Die wirtschaftliche Grundlage der Stadt und ihres Umlandes bildet ein Zweigwerk der Schweinfurter Kugelfischer AG.

❶ Fremdenverkehrsamt, Rittergasse 3, Tel. (0 95 31) 7 46.

🚌 Bamberg, Ebern.

🚃 Bamberg.

⌂ „Zum Hirschen", Marktplatz 61.

△, △. – ◻, ⌐, Tennishalle, Naturlehrpfad.

Schloß Eyrichshof, 2 km nördlich von Ebern, gehört ebenfalls dem Geschlecht derer von Rotenhans. Mitteltrakt und Nordflügel stammen noch vom alten Renaissanceschloß aus dem 16. Jahrhundert, der Nordflügel aus den dreißiger Jahren des 18. Jahrhunderts. Sehenswert ist die Schloßkapelle von 1686. Die ganze Anlage beeindruckt durch ihre Harmonie von Staffelgiebeln, Rundtürmen und Erkern.

Wenig nördlich davon, zwischen Schloß Eyrichshof und Pfarrweisach, liegt die sogenannte „Specke", ein Gasthaus, das schon seit 1583 besteht. Hier arbeitete in den Jahren 1812–1820 der fränkische Dichter *Friedrich Rückert*, dessen Vater zu dieser Zeit Amtmann in Ebern war.

Weiter auf der B 279 geht es über *Pfarrweisach* (Kirche mit Epitaphien aus dem 15. Jahrhundert) und *Pfaffendorf* nach

Maroldsweisach (299 m; 4600 Einw.), 50 km, Endpunkt der Bahnlinie von Bamberg. Die 78 km^2 große Marktgemeinde hat durch die nahe Grenze zur DDR ihr wirtschaftliches Einzugsgebiet nach Thüringen verloren. Pfarrkirche und schöne Fachwerkhäuser kennzeichnen das Ortsbild. Der Basaltsteinbruch auf dem Zeillberg ist eine Fundgrube für Mineraliensammler (u. a. Rhodesit und Tobermorit).

Zu Maroldsweisach gehört auch der 460 m hoch gelegene Erholungsort *Altenstein* mit einer der größten Burgruinen Frankens, Stammsitz der Herren Stein von Altenstein von 1225–1703, heute im Besitz des Landkreises Haßberge. Von der Ruine aus geht die Fernsicht nach allen Seiten: über die Waldhöhen der Haßberge, den Baunachgrund, zu den Kuppen der Rhön und weit hinein ins Thüringer Land.

Die Pfarrkirche von Altenstein (1909, neuromanisch) zeigt eine Christusfigur aus dem 12. Jahrhundert, ein Alabastergrabmal und mehrere alte Etaphien.

❶ Marktgemeindeverwaltung, im Rathaus, Tel. (0 95 32) 4 47.

🚌 Ebern, Bamberg.

🚌 Coburg, Fulda.

⌂ „Grüner Baum", Maroldsweisach; „Zum Stern", im Ortsteil Birkenstein; „Zur Sonne", im Ortsteil Pfaffendorf.

🔭 – Naturlehrpfad.

Von *Sulzdorf an der Lederhecke* (1500 Einw.) aus, der folgenden Gemeinde an der B 279, ist ein Abstecher in das Grenzdorf *Zimmerau* (4 km) zu empfehlen. Dort steht seit 1966 auf dem 410 m hohen *Büchelberg* der vielbesuchte „Bayernturm", der einen umfassenden Blick über den oberen Haßgau und in das Thüringer Land bietet.

Obereßfeld (300 Einw.) ist eine selbständige Gemeinde, während *Untereßfeld* bereits zur Kurstadt

Bad Königshofen im Grabfeld (278 m; 6200 Einw.), 69 km, zählt. Der Ortsname geht auf einen fränkischen Königshof zurück, der 741 durch Schenkung an das neu geschaffene Bistum Würzburg kam. Seit 1323 ist Königshofen Stadt, 1974 bekam es das Prädikat „Bad". Urbani-Quelle und Regius-Quelle liefern Natrium-Chlorid-Sulfat-Wasser für Trink- und Badekuren. Die Heilanzeigen der grenznahen Kurstadt umfassen Magen-, Darm-, Leber- und Gallenleiden, Stoffwechselkrankheiten, Erkrankungen der Bauchspeicheldrüse, Rheuma und Nervenleiden.

Mittelpunkt der Stadt ist der große Marktplatz mit drei Brunnen (darunter der *Michaelsbrunnen* mit schmiedeeiser-

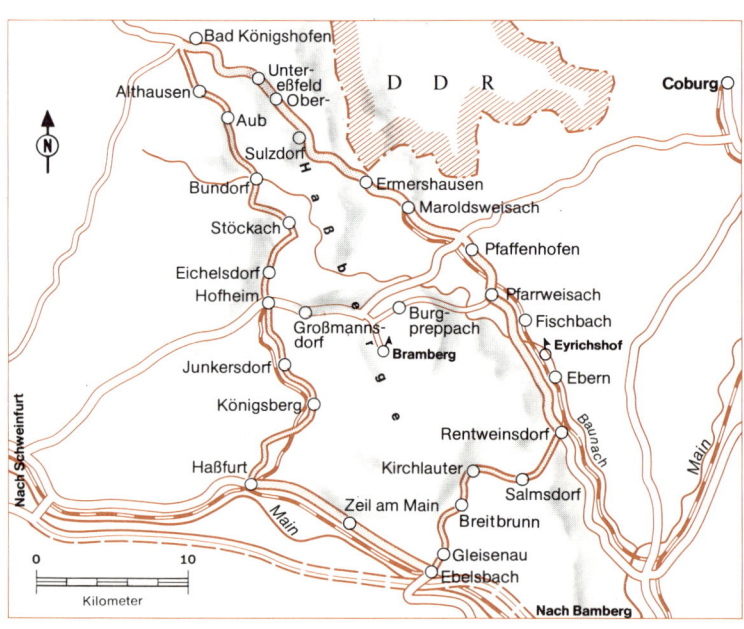

ner Krone) und dem erker- und wappengeschmückten *Rathaus* (1563–1575). Die nahegelegene spätgotische *Stadtpfarrkirche* wurde 1442–1502 erbaut. Das steinerne Hochrelief am Haupteingang und die große Holzfigur St. Maria mit dem Kinde sind um 1480 entstanden. Die spätgotische Kanzel schuf Hans Ditterich. Schön sind die Netzrippengewölbe des Langhauses. Vom Turm der Kirche findet jeden Sonntag um 12 Uhr ein Choralblasen statt. – Sehenswert ist auch das *Vorgeschichtliche Museum des Grabfeldkreises* (Zweigmuseum der Prähistorischen Staatssammlung München).

Zu den Ausflugs- und Wandermöglichkeiten zählen der *Sambachshof* (Märchenfreizeitpark), die *Wallfahrtskirche Ipthausen*, die *Rokokokirche Eyershausen* und der *Judenfriedhof Kleinbardorf*.

❶ Kurverwaltung im Kurzentrum, 8742 Bad Königshofen, Tel. (0 97 61) 8 27.

🚍 Fulda, Coburg, Bad Neustadt a. d. S.

🏨 „Kurpark-Hotel", Martin-Reinhard-Str. 30; „Kurhotel Erika", Thüringer Str.

🍴 „Vier Jahreszeiten", Bamberger Str. 18; „Brünner", Marktplatz 7; „Schlundhaus", Marktplatz; „Heintz", Marktplatz.

🏊 und ⛵ im Kurzentrum.

Eine Kreisstraße führt nun über *Althausen* und *Aub* nach *Stöckach* (190 Einw.), 86 km, einem alten Lehensdorf des Hochstiftes Würzburg mit weiträumiger Schloßanlage (1730–1733). Auch *Schloß Eichelsdorf* (1678–1713), heute Alters- und Erholungsheim für Ordensleute, ist baulich und geschichtlich interessant.

Hofheim (265 m; 5000 Einw.), 93 km, eine karolingische Gründung um die Zeit von 780–800, ist die größte Stadt und der Mittelpunkt der westlichen Haßberge. Mittelalterliche *Stadttore*, schöne Fachwerkhäuser, eine *Apotheke* von 1581, die gotische *Pfarrkirche* mit barocken Heiligenfiguren und der 1460 entstandenen Figurengruppe Maria und Johannes sind Zeugen reicher Vergangenheit.

3 km nordöstlich von Hofheim grüßt die *Bettenburg* von der Höhe herab. Ihr Ursprung liegt im 11./12. Jahrhundert. Baulich ist die Anlage eine Mischung aus Gotik und Renaissance. Unter dem Schloßherrn Christian Truchseß von Wetzhausen, dem „letzten Ritter Frankens" (1778–1826), errang die Bettenburg Berühmtheit. Heute ist der ganze Schloßkomplex mit großem Park Rehabilitationszentrum Drogenabhängiger.

Königsberg in Bayern

❶ Stadtverwaltung, Obere Sennigstr. 10, Tel. (0 95 23) 2 67.

🚍 Haßfurt, Schweinfurt, Bamberg.

🚍 Schweinfurt, Würzburg, Coburg.

🏨 „Landhaus Sulzenmühle", beim Stadtteil Goßmannsdorf.

🏊 – ⛵, ⛵, Tennishalle, Rundwanderwege.

Königsberg in Bayern (276 m; 4500 Einw.), 101 km, ist die nächste wichtige Wegstation. Die historisch bedeutende Stadt wurde 1180 von Herzog Ulrich von Kärnten gegründet. Fast sechzigmal ging Königsberg im Laufe seiner Geschichte in andere Hände über, oft verpfändet und vererbt. 1920 fielen Stadt und Amt Königsberg an Bayern.

Auf dem von schönen Fachwerkhäusern gesäumten Marktplatz steht das Denkmal des Mathematikers und Astronomen *Johannes Müller* (1436–1476; Schöpfer der modernen Trigonometrie), der sich nach seiner Geburtsstadt latinisiert Regiomontanus nannte. Hier stehen auch sein *Geburtshaus* und das *Tillyhaus* sowie das *Rathaus* mit der *Rolandsfigur*. Neben der gotischen *Pfarrkirche* (1397–1432) verdient auch die *Burkharduskapelle* Beachtung.

❶ Stadtverwaltung, im Rathaus, Tel. (0 95 25) 5 12.

🚍 Hofheim, Haßfurt.

🚍 Haßfurt, Schweinfurt.

🍴 „Zum Goldenen Stern", Markt 6. – 🏕.

Über *Ober-Hohenried* geht es zurück nach *Haßfurt*, 108 km.

8

Register